Meine

wunderbaren

Jahre

Eine Reise durch die Zeit

des Erwachsenwerdens

David Sielvaneus

Meine

wunderbaren

Jahre

Bibliografische Informationen der Deutschen Nationalbibliothek. Die Deutsche Nationalbibliothek verzeichnet diese Publikation in der Deutschen Nationalbibliografie; detaillierte bibliografische Daten sind im Internet über http://dnb.dnb.de abrufbar.

Meine wunderbaren Jahre

Herstellung und Verlag: BoD - Books on Demand, Norderstedt

ISBN: 9783757800482

Vorwort

Wie wichtig ist es eigentlich, wenn man etwas Besonderes für immer bewahren möchte. Es ist so viel mehr wert, als jedes Geld der Welt. Und so ging es mir beim Schreiben dieses Buches. In kurzen Erlebniserzählungen hielt ich fest, was in meinem Leben für mich relevant war und immer sein wird. So kurz die Erlebnisse auch geschildert sind, jedes für sich war es wert, aufgeschrieben zu werden, um somit für immer in meinen Erinnerungen greifbar zu sein.

Die Höhen und Tiefen meines bisherigen Lebens zu dokumentieren, hilft mir, innere Konflikte und Zweifel anzusprechen und aufzulösen. Denn im Laufe dieser Zeit habe ich gelernt, dass es immer einen Weg zur Lösung eines Problems gibt. Meine Stärke liegt darin, niemals aufzugeben, um ein Ziel zu erreichen, auch wenn es manchmal unangenehm für alle beteiligten Personen ist. Selbst wenn es für mich bedeutet, dass ich manchmal Kompromisse eingehen muss, was mir sehr schwer fällt. Deshalb beinhaltet dieses Buch zwei besondere Aussagen: „Höhen und Tiefen erleben und bewältigen!" und „Aus der Tiefe des Wissens in das Hoch der Ideen!" So motiviert in die Zukunft zu sehen ist mein jetziges Leitbild.

Ich bin Asperger Autist und das Schreiben des Buches hilft mir dabei, meine Problematik zu überwinden und Kontakt zur Außenwelt herzustellen.

Autismusspektrumstörung ist als tiefgreifende Entwicklungsstörung bekannt, die in drei Bereichen Auffälligkeiten zeigt. Diese drei Bereiche werden durch das Schreiben alle irgendwie aufgehoben.

Der erste Bereich ist die soziale Interaktion mit anderen Menschen. Ich tendiere dazu, mich umgebenden Menschen nicht so viel Beachtung zu schenken, zu hören, was sie sagen oder auf indirekte Ansprachen zu reagieren. So kommen oft Missverständnisse zustande, die suggerieren, dass man nicht interessiert oder einfach nur unfreundlich sei. Das Problem könnte durch eine direkte Ansprache bereits aus dem Weg geräumt werden. Nur das Gegenüber müsste dabei schon wissen, dass ihm ein Asperger Autist und dessen Interaktionsproblem gegenüberstehen.

Dieser Bereich wird beim Aufschreiben insofern gelöst, das alle Menschen, die sich für das Lesen dieses Buches entscheiden, automatisch mit mir in Kontakt treten. Ich spreche praktisch durch das Buch mit ihnen.

Der zweite Bereich ähnelt dem ersten, denn es geht um die Schwierigkeit mit anderen Menschen zu kommunizieren. Als Autist erzähle ich gerne und immer wieder von den Dingen, die ich erlebt habe, aber „Smalltalk" ist für mich keine Form der Kommunikation. Wenn ich von meinen Interessen erzählen kann, entsteht von meiner Seite aus der Dialog. In einem Buch kann ich so in einen ausführlichen Dialog treten, der im wahren Leben stundenlang dauern würde und den Zuhörer irgendwann zu viel und zu lang werden würde. Nur Menschen, die mich kennen, stellen sich darauf ein, dass eine Konversation manchmal aus einem sehr langen Monolog meinerseits besteht.

Ich kann die Dinge auch immer wieder selbst lesen und mich daran erfreuen. Das ist das eigentliche Ziel dieses Buches.

Meine Erinnerungen für immer festzuhalten.

Der dritte Bereich beschreibt, warum ich den Inhalt dieses Buches so spannend finde und es unbedingt so geschrieben werden musste. Wiederholendes, stereotypes Verhalten sind Merkmale, die mich sehr gut beschreiben. Meine Gesten und auffälligen Verhaltensmuster (Ich flattere gerne mit meinen Armen, wenn ich mich freue und umherlaufe) und mein

übermäßig fokussiertes Interesse an Sammlungen verschiedenster Dinge in spezifischen Reihenfolgen, erklärt die Form und Einteilung des Buchinhaltes.

Irgendwann schrieb ich alles auf, was ich in meinem Leben erlebt hatte und meine erste Sammlung entstand.

Meine wunderbaren Jahre

Baby- u. Kleinkindjahre:

Ich lebe in einem Dorf mit etwas mehr als 4000 Einwohnern, das 2 km von der Stadt entfernt liegt, in der ich geboren wurde. Meine Eltern stammen beide aus diesem Dorf und auch deren Eltern, meine Großeltern leben heute noch hier. Mein Vater arbeitete als Kaufmann und meine Mutter unterbrach ihre Arbeit als Erzieherin, um mich die ersten drei Jahre zu Hause zu betreuen. Sie hatte in dieser Zeit auch weitgehend die Fürsorgearbeit für mich übernommen. Meine Mutter unternahm viele Dinge mit mir und richtete meine ersten Lebensjahre auf meine Förderung und Bedürfnisbefriedigung aus.

Auch hatte ich in den ersten Lebensjahren als Kleinkind noch 2 Uromas, die ebenfalls hier lebten. Unser enger Familienkreis schloss sich mit weiteren 2 Tanten (eine davon meine Patentante) und deren Familien.

Wenn es immer heißt, ein Kind braucht ein Dorf zum Aufwachsen, ich hatte mein eigenes Familiendorf im Dorf.

Als ich noch klein war, besuchte ich oft die Schwester meines Vaters, die ebenfalls zwei Söhne hatte. Sie waren etwas älter, aber wir konnten ab und zu miteinander spielen. Später dann, als der Altersunterschied größer wurde und die Interessen auseinanderklafften, brach der Kontakt ab.

Mein wichtigster Kontakt ist der zu meinen Großeltern mütterlicherseits, bei denen ich mich heute noch wie zu Hause fühle.

Laut meiner Mutter waren meine Babyjahre ebenso erlebnisreich, wie meine weiteren Jahre danach. Wir waren viel unterwegs und genossen die gemeinsame Zeit zu Hause. Ich durchlief eine klassische Entwicklung und doch entwickelte ich bereits früh ziemliche Eigenarten. So habe ich als erstes die Krabbelphase übersprungen. Ich wollte mit einem halben Jahr gleich aufrecht laufen. So nahm mich meine Mutter immer an die Hand, wenn ich mich fortbewegen wollte. Glücklicherweise war ich recht groß gewachsen, so dass sie sich nicht ständig bücken musste. Bei meiner Oma zuhause gab es viele Treppen, die wir immer rauf und runter laufen mussten. Das machte mir jedenfalls viel Spaß.

Meine Mutter merkte recht bald, dass der extra neu gekaufte Sportwagen, während unserer Spaziergänge, überflüssig wurde, da ich lieber zu Fuß unterwegs war. So besorgte sie einen einfachen Buggy, den man einfacher verstauen konnte. Er wurde unser täglicher „Gepäckträger". Sollte mich unterwegs doch einmal die Müdigkeit überfallen, so konnte ich mich auch im Buggy gut ausruhen. Das war jedoch sehr selten der Fall, da ich bereits mit eineinhalb Jahren keinen Mittagsschlaf mehr machte. So nahm ich viel von der Welt wahr und lernte früh mein Umfeld kennen.

Da sich meine Familie sehr mit mir beschäftigte, lernte ich auch relativ schnell sprechen. Mit knapp 2 Jahren sprach ich bereits die schwersten Worte und Buchstaben. Alles was man eigentlich erst am Ende der Sprachentwicklung beherrschte, konnte ich zuerst sprechen.

Vielleicht, weil das Interesse an Buchstaben schon sehr früh bei mir begann. Damals besaßen wir noch die alte Schreibmaschine meiner Mutter und immer wenn ich sie entdeckte, tippte ich auf ihr herum. Neben vielen Büchern beschäftigte ich mich viel damit und so blieb es auch nicht lange aus, bis ich alle Buchstaben beherrschte. Bereits mit 3 Jahren konnte ich alle Buchstaben lesen. Bei unseren Spaziergängen suchte ich nun oft Buchstaben und las sie vor. Ein neues interessantes Spiel war für mich geboren.

Als sich mit 2 Jahren bei mir die Vorderzähne verfärbten, beschloss meine Mutter, mit mir einen Zahnarzt zu besuchen. Auch weil sie sicher gehen wollte, dass ich nicht eines Tages mit Angst dorthin gehen musste. Das war auch gut so. Ich ging immer gerne zur Vorsorgeuntersuchung, da ich immer den aufgesteckten Sauger, der bei der Kontrolle in meinem Mund benutzt wurde, mit nach Hause nehmen durfte. Zuvor erlaubte mir die Zahnärztin das Wasser aus einem Becher zu saugen. Das war ein schönes Erlebnis. Bis heute hatte ich noch keine Zahnprobleme, so dass es mir nichts ausmacht, regelmäßig zum Zahnarzt zu gehen.

Aber zurück zu den Verfärbungen. Die entstanden, da ich immer rote Saftschorle aus der Flasche trank. Meine Mutter beschloss nun, das Trinken aus der Flasche zu beenden und machte mit mir aus, dass es keine Flasche mehr ab meinem nächsten Geburtstag gab. Ich verstand die Anweisung zwar, doch ab da trank ich dann überhaupt nichts mehr anderes aus einer Tasse außer Kakao. Den hatte ich nämlich schon immer aus der Tasse getrunken. Ein ganzes Jahr lang versuchte meine Mutter, mir andere Getränke in einem Glas anzubieten, aber ohne Erfolg. Schließlich entdeckte sie Gläser, die farbig blinkten, wenn man Wasser hineingoss. Das fand ich sehr interessant und so gelang es ihr endlich, mich zu überzeugen, etwas anderes zu trinken. Zwar anfangs nur wenig, aber schließlich konnte ich mich an das

Trinken aus einem Glas anfreunden.

Heute trinke ich immer noch aus bunten Gläsern, aber sie müssen nicht mehr blinken.

Einige Verhaltensmerkmale machten sich jetzt oft bei mir bemerkbar. So war ich sehr schreckhaft und immer wenn mich etwas erschreckte oder mir Angst machte, hielt ich mir die Ohren zu. Selbst wenn es keine Geräusche waren. Da ich auf verschiedenen Spaziergängen auch einige negative Erfahrungen mit Hunden hatte, begann sich meine Angst, oder besser gesagt, mein Respekt vor ihnen zu entwickeln. Zwischenzeitlich wurde diese Angst etwas besser, aber heute noch sind sie mir suspekt. Das mag vielleicht auch daran liegen, dass sie so instinktiv handeln und daher für mich manchmal unberechenbar agieren. Das erschreckt mich. Wenn ich dann erschreckt reagiere, erschrecken die Hunde ebenfalls und bellen. Ich laufe aber jetzt nicht mehr davon, weil ich ja jetzt weiß, dass sie dann erst recht auf mich zulaufen. Meine Strategie ist es, stehen zu bleiben und Ohren und Augen zuzuhalten, bis der Hund das Interesse verliert.

In dieser Zeit entwickelten sich auch meine Vorlieben und Abneigungen für bestimmte Nahrungsmittel und das war eine Herausforderung für meine Eltern und Großeltern, denn sie wollten ja, dass ich mich gesund ernähre.

Da ich sehr geruchs- u. geschmacksempfindlich reagierte, mussten sie sich einiges einfallen lassen, damit ich trotzdem ernährungstechnisch gut versorgt wurde.

Das gelang ganz gut, aber trotz allem, hat es mir natürlich, wie allen Kindern, am besten bei meiner Oma geschmeckt.

Das ist glaube ich Gesetz, oder?!

Heute ist mein Lieblingsessen wie bei den meisten Kindern, Pommes, Pizza und Nudeln oder Kloß mit Soße. Der Unterschied liegt daran, dass ich diese Gerichte alle selbst aus frischen Zutaten selbst zubereiten kann und sie nicht mehr kochen lasse. Natürlich gibt's auch ab und zu Pommes vom Imbiss!

Eines meiner wichtigsten Erinnerungen an meine frühen Jahre ist die Sammlung aller Fotos, die damals gemacht wurden. Zu dieser Zeit wurden die Bilder noch in Kartons oder Fotoalben gesammelt. Diese Fotos gehören jetzt zu meiner Sammlung. Als die Fotobearbeitung dann digital wurde, habe ich alle auf meinem Computer gespeichert. Meine erste Sammlung war entstanden und wurde so reichhaltig, dass ich mir eine eigene externe Festplatte kaufte, um sie alle unterzubringen. Jedoch sollte das nicht die letzte Sammlung bleiben.

Im letzten Kindergartenjahr machten sich einige Entwicklungsbereiche bei mir bemerkbar, die besonderer Förderung bedurften. Insbesondere grob- u. feinmotorische Schwierigkeiten kristallisierten sich heraus, die für die Schule wichtig waren. So besuchte ich das letzte Jahr vor meiner Einschulung die Frühförderstelle, um bei der Förderung unterstützt zu werden. Zu diesem Zeitpunkt wurde jedoch noch nicht festgestellt, dass meine Auffälligkeiten in Richtung Autismus gehen.

Dementsprechend wurde ich ohne Hilfe oder Begleitung eingeschult. Ich besuchte zwar immer noch regelmäßig einen Ergotherapeuten, aber erst gegen Ende der ersten Klasse wurde ich einem Test unterzogen, der mir dann Asperger Autismus mit leichter Aufmerksamkeitsstörung diagnostizierte. So bekam ich erst in der 2. Klasse

Unterstützung durch eine Schulbegleitung. Das lief ganz gut, in der Zeit, in der sie anwesend war. Jedoch war dies nicht den ganzen Schulunterricht durch der Fall. So gab es immer mal wieder Probleme, wenn ich alleine war und mich überfordert fühlte.

Meine schulischen Leistungen in den Hauptfächern waren ok. In den Lernfächern machte mir die Konzentration zu schaffen, aber Dinge, die mich interessierten, konnte ich mir natürlich gut merken. Gerne machte ich Deutsch und später dann auch Englisch. Mathe wurde ich immer schwächer, so dass ich in der 4. Klasse auf dem Stand der 2. Klasse war. Dementsprechend machte ich Aufgaben, die meinem Wissensstand entsprachen. Die Benotung wurde schließlich ausgesetzt.

Da in der 4. Klasse der Leistungsdruck immer stärker wurde, verbrachte ich die meiste Zeit mit meiner Schulbegleitung außerhalb des Klassenraums in einem extra Zimmer für mich allein. Schließlich suchte meine Mutter eine passende Schule für mich, denn an Inklusion war in diesen Zeiten in Regelschulen noch schwer zu denken, obwohl sie bereits gesetzlich verankert war. Keiner wusste genau, wie das in der Schule umgesetzt werden konnte und natürlich fehlten noch jegliche Rahmenbedingungen dafür. Deshalb wechselte ich am Ende der 4. Klasse in eine Schule für Gehörlose. Deren Unterrichtsmethoden waren auch für autistische Kinder geeignet. Das beinhaltete zwar, dass ich täglich 40 Kilometer zur Schule fahren musste, aber ich bekam dafür auch eine Schulbegleitung für die gesamte Unterrichtszeit, was mir schon mehr half. Außerdem waren die Klassen viel kleiner und der Unterricht strukturierter.

So holte ich auch in Mathematik wieder etwas auf. Es war zwar immer noch nicht mein Lieblingsfach, aber es war nicht mehr ganz so schlimm, wie in der Regelschule.

Vielleicht lag es auch daran, dass mein Klassenlehrer am allerliebsten Mathematik machte. Er hatte eine lustige Art, uns immer wieder zu ärgern, indem er mit „ Mathematik drohte", wenn wir ihn geärgert hatten. Ironie zu verstehen, ist ja auch nicht meine große Stärke, aber mit der Schulbegleitung konnte ich damit gut umgehen.

Später in meinem Leben sollte sich aber noch herausstellen, dass ich gar nicht so schlecht im Kopfrechnen war. Dass gerade Mathematik mich auf den Weg bringen sollte, dieses Buch zu schreiben, hätte ich damals nicht gedacht.

Heute lebe ich mit meiner Mutter immer noch im gleichen Dorf. Mein Vater wohnt nicht mehr bei uns. Er ist vor einigen Jahren ausgezogen und nach der Scheidung meiner Eltern hat er wieder geheiratet. Manchmal besucht er uns, oder wir ihn. Unser Verhältnis ist freundschaftlich und ich habe und hatte auch keinerlei Probleme mit der Trennung meiner Eltern.

Seitdem ich die Schule verlassen habe, verbringe ich meine Zeit zuhause,wo ich mich um meine Sammlungen aller Art kümmere. Wenn meine Mutter frei hat, unternehmen wir viel und genießen die gemeinsame Zeit. Ich lerne dabei neue Dinge kennen und freue mich über Besuche an meinen Lieblingsorten.

So besteht meine Woche darin, dass ich Montag bis Freitag mit meiner Mutter all die Orte besuche, die ich bereits kenne und liebe, während ich das Wochenende bei meinen Großeltern verbringe. Dort arbeite ich meistens an meinen Sammlungen, mache Computerspiele oder entspanne mich, indem ich Musik höre oder Bücher anschaue.

Als ich 1999 geboren wurde, gab es zwar schon Computer, aber wir hatten weder Internet noch sonstige technische Bequemlichkeiten, wie Smartphone oder Mikrowelle. Es gab nur Fernsehen oder Videokassetten. Erst nach und nach machte ich Bekanntschaft mit der Computerwelt. Meine Großeltern besitzen heute noch kein Internet, so dass ich nur zu Hause in diesen Genuss komme, mir etwas im Netz anzuschauen. Aber das ist durchaus ausreichend.

Meine „Computerzeit" begann 2006, als mir ein Computerspiel geschenkt wurde. Ab da begann meine zweite Sammlung: Computerspiele. Da ich meine gesammelten Spiele natürlich immer spielen möchte, begann ich, alte Computer, die das passende System hatten, zu sammeln und zu kaufen. Denn auf den neuen Systemen funktionierten die Spiele meist nicht korrekt. Ich brauche daher auch keine neuen Spiele mehr, meine Sammlung ist jetzt groß genug. Und wie bereits gesagt, Wiederholungen sind wichtiger für mich als neue Dinge.

Es ist heute so, dass ich nach einer Perspektive für mein Leben suche. Auf dem Arbeitsmarkt ist zwar vieles schon verbessert worden, aber für autistische Menschen gibt es noch keine optimalen Angebote. Zumindest nicht flächendeckend, nämlich dort, wo sie gebraucht werden, in der Nähe der Wohnung.

Deshalb suche ich nach anderen Möglichkeiten. Eine beinhaltet das Arbeiten von zu Hause, aber auch hier sind die Angebote noch gering. So ging ich in den kreativen Prozess, der mir folgende Fragen bescherte: „Was macht mir
Spaß?" Was kann ich gut?" Welche Umsetzungsmöglich-

keiten habe ich?" Was kann ich ohne Stress bewältigen?"

Diese Fragen und die Anregung meiner Mutter inspirierten mich dazu, dieses Buch zu schreiben. Das Interesse an dessen Inhalt wuchs immer stärker in mir und ich versuchte, es schriftlich festzuhalten.

Während dieses Prozesses wurde mir klar, dass ich so viele Erlebnisse und Erfahrungen in meinem Leben gesammelt hatte, die mir wichtig sind. Deshalb wurde es mir auch immer wichtiger, dieses Buch zu schreiben. Jedem, dem es genauso geht, würde ich das sehr empfehlen. Mir gibt es Sicherheit und ein gutes Gefühl, wenn ich Erlebtes sammeln, feiern, wiederholen und mich daran erinnern kann. Ich kenn mich dadurch besser in meinem Leben aus und es nimmt mir die Angst, wenn ich mich immer wieder an meinen „Abenteuern" erfreuen kann.

Über den schönsten Tag in meinem Leben kann man geteilter Meinung sein. Für mich aber ist es einer der wichtigsten in meinem bisherigen Leben. Angefangen hatte er an einem Wandertag in der Schule. Wir hatten einen langen Wandertag und besuchten eine Burg. Dort oben angekommen, besichtigten wir den für mich interessantesten Teil. Das Brunnenhaus. Über diesen schönen Tag erzähle ich später noch mehr. Er war auch einer der Auslöser, um dieses Buch zu schreiben. Warum? Weil mich dieses besondere Erlebnis so faszinierte, dass ich die Besuche dort unbedingt in meinem Lebensablauf unterbringen musste. Bis sich einiges ändern sollte!

Einige Besonderheiten in meiner Persönlichkeit sind vielleicht auch noch interessant zu wissen. So war es für mich beispielsweise unerträglich, wenn ich ermahnt, geschimpft oder bevormundet wurde. Das war stets ein Grund für mich, verletzend oder aggressiv schreiend zu reagieren. Oder ich hielt mir die Ohren zu und lief davon. Solche Trigger galt es zu vermeiden, was sicherlich nicht sehr einfach für meine Familie war. Aber man wächst ja mit seinen Aufgaben, sagt meine Mutter immer. Mir war und ist es heute noch wichtig, dass nach einer gewissen Zeit der Beruhigung, das Problem gelöst werden muss. Hierzu braucht es manchmal ziemlich lange, bis wir zu einer vernünftigen Lösung für alle gekommen sind. Aber es gibt immer eine, auch wenn es ein Kompromiss ist, mit dem ich leben kann und muss.

Zu erwähnen ist, dass ich über Strafen und Ermahnungen, die andere erleiden, immer lachen muss. Man nennt das wohl Schadenfreude, aber für mich ist das einfach nur lustig.

Eine weitere positive Eigenschaft von mir ist meine Ausdauer, um ein Ziel zu erreichen. Eine Idee wird niemals einfach so aufgegeben, ich suche immer einen Weg, um meine Vorstellungen und Ideen umzusetzen, auch wenn es manchmal unbequem für andere ist. Wenn mich etwas fesselt, muss es einfach einen Weg geben um das Gewünschte zu erreichen. Da ich mich manchmal in meinen Forderungen nicht richtig sprachlich ausdrücken kann und mein Gegenüber erst nicht versteht, was ich meine, kann das manchmal etwas länger dauern. Aber ich gebe ja nicht auf!

Meine Religion ist mir auch wichtig. Ich bin evangelisch und da meine Oma sehr in der Kirche organisiert ist, habe ich durch sie den Bezug dazu bekommen.

Sie besuchte mit mir den Kindergottesdienst und stattete manche Besuche in der Kirche mit mir ab. Zu Weihnachten gehört der Gottesdienstbesuch einfach mit dazu.

Inhaltlich hatten mich als Kind auch andere Religionen interessiert.

Besonders, als wir die verschiedenen Weltreligionen im Unterricht kennen gelernt hatten. So habe ich zuhause die drei Hauptreligionen nachgebaut. Eine Kirche, eine Synagoge und eine Moschee. Aber ich gehe oft noch weiter, denn manchmal spreche ich auch über frühere Leben, wie im Buddhismus. Der Inhalt der Religionen und deren Unterschiede fand ich höchst spannend und ich beschäftigte mich lange damit. Auch das Ende dieses Buches beinhaltet ein buddhistisches Element. Denn nach den ersten 28 Lebensjahren beginnen alle Jahre und Tage wieder von vorne, ähnlich einer Wiedergeburt.

Während ich an einem Sonntag, es war Silvester, ein Computerspiel spielte, erinnerte ich mich plötzlich daran, wie ich zum allerersten Mal einen Computer benutzt hatte. Diese Erinnerung brachte in mir den Wunsch hervor, alles über Tage, Monate und Jahre herauszufinden. Wie waren sie miteinander verbunden? Am meisten interessierte ich mich dafür, welches Datum im Jahr den gleichen Tag hatte. So fand ich schließlich heraus, dass in dem Jahr, als ich geboren wurde, der 1.Januar, Weihnachten und Silvester an einem Freitag gewesen war, genau wie mein Geburtstag. Ob das immer so sein würde? Da ich natürlich wusste, dass alle 4 Jahre ein Schaltjahr war, wurde es für mich sehr interessant, diese Zusammenhänge zu erforschen. Ich teilte die Jahre in 4 Jahre ein. Ich nannte sie aber nicht 1., 2., 3. u. 4. Jahr, sondern sie bekamen Namen von mir. So nannte ich das 1. Jahr „Frühlingsjahr", das 2. Jahr „Sommerjahr" , das 3. Jahr „Herbstjahr" und das 4. Jahr , nein, nicht Winterjahr, ich nannte es „Schaltjahr", da es ja ein Schaltjahr war. Ich stellte fest, dass der 1. Januar und Silvester immer am gleichen Tag im Jahr war, außer im Schaltjahr. Jetzt begann für mich die interessante Reise durch die Tages-, Monats- und Jahreszeiten. Was ich dabei alles herausgefunden habe und warum all das für mich so interessant war, werde ich an späterer Stelle noch ausführlicher beschreiben.

Die Erklärung meiner Jahreseinteilung (Frühlingsjahr, Sommerjahr, Herbstjahr, Schaltjahr) sei hier erwähnt, um damit die folgenden Überschriften der einzelnen Jahre zu verstehen. Bsp.: Im ersten „Freitags- und Herbstjahr" bedeutet, im ersten Jahr fanden die Tage Weihnachten, mein Geburtstag, Silvester und Neujahr, an einem Freitag statt und das Herbstjahr steht für das 3.Jahr, also das Jahr vor dem Schaltjahr. Im 3. Jahr, welches gleichzeitig mein Geburtsjahr war, fanden diese besonderen Tage also alle an einem Freitag statt.

1999   (Herbstjahr/mein Geburtsjahr)
1. Januar (Neujahr), 24.Dezember (Weihnachten) und 31. Dezember (Silvester) ist am Freitag.

Im ersten Freitags- und Herbstjahr bin ich geboren. Im gleichen Jahr fand auch meine Taufe statt, zu der meine ganze Verwandtschaft eingeladen war. Bereits in meinem ersten Lebensjahr fand ich es sehr spannend, die verschiedensten Springbrunnen zu beobachten. Mit Springbrunnen bin ich daher seit meiner Geburt „befreundet"! Auch in meinen weiteren Lebensjahren sollte mir diese „Freundschaft" wichtig bleiben. Wenn andere Kinder ihre Zeit auf dem Spielplatz verbrachten, verbrachte ich meine vor einem Springbrunnen. Es faszinierte mich, die Fontänen zu beobachten. Gleichzeitig beruhigte mich das auch. Es machte mir einfach Freude, das Wasser zu beobachten.

Besonders schön waren natürlich Springbrunnen, die, wie Wasserspiele, ihre Fontänen ständig änderten. Hier konnte ich mir auch bald die Reihenfolge der an- und ausgehenden Fontänen merken. Das war für mich, wie ein sich ständig wiederholendes Lieblingsspiel. Unsere täglichen Ausflüge und Spaziergänge beinhalteten immer mindestens einen Springbrunnenbesuch bzw. die Suche nach einem neuen Brunnen.

Selbst heute noch finde ich Springbrunnen einfach schön, um kurz inne zu halten, seine Wasserspiele zu genießen und zu beobachten, in welcher Reihenfolge wohl dieses Mal die Fontänen an- und ausgingen.

2000 (1.Schaltjahr)

Da Schaltjahr ist, sind nur mein Geburtstag, Weihnachten und Silvester am gleichen Tag, der 1.Januar einen Tag davor.

Im ersten Schaltjahr besuchte ich mit meiner Mutter einen Babyschwimmkurs. Im Wasser fühlte ich mich sehr wohl. Aber bei Kontakt zu anderen Personen fing ich immer an zu weinen. Meine Mutter musste immer dabei sein, um mich zu beruhigen. Die berühmte Fremdelphase begann. Diese Phase machte sich auch dadurch bei mir bemerkbar, dass alle Dinge, die mir eine fremde Person schenken wollte, immer erst durch die Hände meiner Mutter mussten. Ich war sozusagen „unbestechlich". Aber ich brauchte diese Dinge gar nicht. Deshalb lehnte meine Mutter irgendwann ab, sie mitzunehmen. Sie waren für mich sowieso un-

interessant und lagen dann nur irgendwo herum.

Wir waren täglich unterwegs und besuchten zum ersten Mal einen Tiergarten. Leider habe ich nicht alle Tiere sehen können, da ich im Kinderwagen irgendwann eingeschlafen war. Allerdings gehen wir heute noch regelmäßig dort hin, jedes Jahr einmal. Diese jährlichen Besuche drehen sich allerdings weniger darum, die Tiere zu beobachten, als darum, dass es für mich ein inneres Bedürfnis gibt, dieses Erlebnis jedes Jahr zu wiederholen. Deshalb sind auch der Ablauf und die Wege, die wir dort gehen, möglichst immer gleich. Besonders in den Jahren, an denen die Tage die gleichen sind, wie bei meinem ersten Besuch, ist es mir besonders wichtig, dieses Erlebnis zu wiederholen. So geht es mir übrigens mit allen Erlebnissen, die ich im Laufe der Jahre gehabt habe.

Bei unseren Spaziergängen und Ausflügen hatten wir immer Brotzeit dabei. In dieser Zeit aß ich das erste und einzige Mal eine richtige Banane. Danach nahm ich sie nur noch als Brei zu mir. Wie viele andere Dinge aus dieser Zeit weiß ich das alles nur, weil meine Babyjahre auf Video festgehalten wurden. Das war ein schönes Geschenk für eine Zeit, an die man sich selbst ja nicht mehr erinnern kann.

Zwei Personen, die mir in diesem Jahr immer wichtiger wurden, neben meinen Eltern, waren meine Großeltern. Ich durfte auch schon ab und zu bei ihnen übernachten und Oma baute dazu das alte Gitterbettchen ihrer Kinder für mich auf. Ich schlief sehr gut darin und verbrachte auch unheimlich gerne Zeit bei meinen Großeltern. Wir waren alle sehr oft gemeinsam unterwegs.

Es war ein Zusammenleben wie früher, als alle Generationen noch unter einem Dach verbrachten und nicht so wie heute, wo jeder woanders lebt.

Dieses Gefühl war wie Heimat und auch heute noch bin ich jedes Wochenende dort und fühle mich wie daheim. Es braucht oft nicht viel, um sich geborgen und glücklich zu fühlen.

In diesem Jahr gingen wir zum ersten Mal in den Urlaub in die Berge. Diesen Urlaub wiederholten wir in den Jahren 2004, 2005 und 2006 sogar zweimal. Das zweite Mal kurz vor meiner Einschulung. Ich kann mich zwar nicht mehr erinnern, was wir dort alles erlebt haben, aber die Erinnerungsfotos, die wir dort gemacht haben, kann ich mir immer wieder ansehen, wenn ich das Bedürfnis danach habe. So kann ich auch diese Jahre zuhause feiern. Ich gestalte sie, indem ich passende Abläufe dazu vorbereite, z.B. sehen wir (meine Großeltern, die dazu eingeladen werden und ich) uns alle Bilder in der Bildergalerie auf dem Computer an. Das ist dann eine besondere Situation für mich, die mich glücklich macht. Ich kann all meine schönen Erlebnisse und Jahre immer wieder zu mir zurückholen und mit anderen teilen.

2001 (1.Frühlingsjahr)

Geburtstag, Neujahr, Weihnachten und Silvester sind wieder am gleichen Tag.

Im ersten Montags- und Frühlingsjahr schlief ich sehr oft bei meinen Großeltern. Mir fielen dort immer witzige Sachen ein. Einmal habe ich den Kaktus meiner Oma immerzu gegossen, weil ich Blumen gießen wollte. Leider war das zu viel des Guten, so dass er schließlich „ersoffen" und eingegangen ist. Ich glaube einen Kaktus zu „erledigen", das schaffen nur sehr wenige Leute. Außerdem spielte ich gerne Skispringen. Das hat mir viel Spaß gemacht. Dazu setzte ich mich auf eine kleine Puppenbank und bin dann wie ein Skispringer in die Höhe gesprungen und durch den Raum gelaufen. Alle haben mir zugesehen und applaudiert. Da ich der einzige Springer war, stand der Sieger natürlich schon fest.

2002 (1.Sommerjahr)

Im ersten Dienstags- und Sommerjahr machten wir im Bayrischen Wald Urlaub. Meine andere Oma war mit ihrem Lebensgefährten dabei und wir sind viel gewandert und haben abends Gesellschaftsspiele gespielt. Sie lernte mir Lieder von früher, die man heutzutage gar nicht mehr singt oder kennt. Da ich Musik und Singen über alles liebte, war das eine tolle Erfahrung für mich. Der Urlaub konnte gar nicht besser sein, denn mit einem Lied auf den Lippen machte alles doppelt so viel Spaß. Natürlich entdeckten wir dort einige Springbrunnen und Quellen. Wir machten viele neue Fotos, die heute in meiner Erinnerungssammlung gespeichert sind.

Dann kam ich in den Kindergarten und am ersten Tag, als meine Mutter ging, habe ich zwei Stunden nur geschrien und geweint. Die Erzieherin konnte mich mit gar nichts ablenken. Schließlich musste meine Mutter mich wieder abholen. Am Abend wollte ich nicht einschlafen, weil ich dachte, dann muss ich am nächsten Tag nicht aufwachen, um in den Kindergarten zu gehen. Am nächsten Tag hielt ich mich an der Heizung fest, um nicht mehr in den Kindergarten zu müssen. Diese beiden Umstände brachten meine Mutter dazu, mich wieder abzumelden und es ein halbes Jahr später mit entsprechender Eingewöhnungszeit wieder zu versuchen. Dies gelang dann wesentlich besser. Endlich war auch ich bereit für einige Zeit der Fremdbetreuung. Allerdings genügten mir wenige Stunden und Tage. Am wohlsten fühlte ich mich trotzdem immer noch zu Hause oder bei meinen Großeltern. Da der Kindergartenbesuch freiwillig war, ging ich zwar regelmäßig hin, aber meist nur drei Tage in der Woche von 8 - 12 Uhr. Das war mehr als genug für mich. Im letzten Kindergartenjahr waren die restlichen Tage sowieso schon anderweitig verplant. So besuchte ich montags eine Ergotherapeutin, da ich mit Kindergarteneintritt alle feinmotorischen Beschäftigungen beendete. Weder Malen, noch Kleben oder Schneiden interessierte mich. Die Folge war, dass sich meine Feinmotorik nicht besonders gut entwickelt hatte. Dies galt es jetzt durch Ergotherapie wieder zu verbessern. Dienstags ging ich immer mit meinen Großeltern ins Schwimmbad und mittwochs fand vormittags die Musikschule statt. Also blieb nur der Mittwochnachmittag übrig, um den Kindergarten zu besuchen. Donnerstag und freitagvormittags waren dann noch meine festen Kindergartentage.

2003 (2.Herbstjahr)

Im ersten Mittwochs- und zweiten Herbstjahr war ich dann endlich richtig angekommen im Kindergarten. Es machte mir Freude, dort zu spielen. Besonders spannend fand ich es dort, weil so viele lustige und ungewöhnliche Dinge passierten, die es zuhause nicht gab. Besonders die Missgeschicke der Kinder beim Spielen waren interessant zu beobachten. Und natürlich die Reaktionen der Erzieherinnen darauf. So kam es vor, dass ein Kind begann, den Klebstoff zu essen und die entsetzte Reaktion der Erwachsenen brachte mich zum Schmunzeln. Auch als die Kinder im Spielgarten mit dem Fußball die gepflanzten Tomaten abschossen, zauberte es mir ein Lachen ins Gesicht. Was ich lustig fand, war für die Erwachsenen nicht sehr amüsant. Nach dem Kindergarten sind wir ganz oft zu meinem Lieblingsspringbrunnen gegangen. Dort konnte ich das Erlebte verarbeiten und mich entspannen. Das war einer der schönsten Sommer, die ich erleben durfte.

Im Herbst waren Oma, meine Mutter und ich im Wildpark. Da gab es einen Ententeich ohne Wasser, der sehr verschlammt war. Zu diesem Zeitpunkt hatte ich gerade schlechte Laune und wollte nicht auf meine Mutter hören. Sie warnte mich vor dem Schlamm im Ententeich. Aber ich reagierte damals schon sehr negativ auf Bevormundung. Vielleicht bin ich deshalb geradewegs erst recht hinein gelaufen. Als ich drinnen feststeckte und nicht mehr alleine herauskam, musste meine Oma mich herausholen. Sie war danach auch bis zu den Waden im Schlamm und unsere Schuhe sahen dementsprechend aus. Auch die Kleider hatten etwas abbekommen. Meine Schuhe und meine Hose konnten wir nur noch wegwerfen. Die Sachen waren nicht mehr zu retten.

An unserer Kirchweih im September lernte ich noch einige bekannte Lieder kennen, die auch heute noch geliebte „Ohrwürmer" von mir sind. Kirchweih ist ja immer ein Fest mit vielen Volksliedern, die einen oft lustigen oder zweideutigen Inhalt haben. Die Melodien dazu sind eben zeitlos und bringen einen sofort in Feierstimmung. Deshalb sind sie wohl bei allen Menschen, die Dorffeste mögen, so beliebt. Diese Einstimmung auf ein Fest geht auch bei mir nicht spurlos vorbei. So wie im normalen Leben diese Feste jedes Jahr aufs Neue gefeiert werden, so ergeht es mir mit meinen Sammlungen. Sie sind für mich die Feste des Lebens, die immer wieder gefeiert werden müssen, um in Erinnerung behalten zu werden.

2004 (2.Schaltjahr)

Im zweiten Schaltjahr (Donnerstag der 1.Januar, Freitag Silvester) war ich das erste Mal im Theater und habe das Marionettenspiel „Der kleine Vampir " gesehen. Da begann so langsam meine Vorliebe für Theaterstücke. Das zweite Theaterstück hieß „Die kleine Hexe" und wurde in einem Jugendhaus aufgeführt. Unser dritter Theaterbesuch (Max und Moritz) war leider weniger schön, da ich wieder einmal schlecht gelaunt war und im Theater zuerst die Leute nicht vorbeigelassen habe, dann einer Frau lästig wurde und als meine Mutter aus diesen Gründen mit mir das Theater verlassen hatte, wie am Spieß schrie. Schade, es war so eine schöne Aufführung! Meine

Oma war auch dabei und ist noch einige Zeit länger geblieben, so dass wenigstens einer etwas von dem Theaterstück anschauen konnte.

Ein weiterer Besuch im Tiergarten war in diesem Jahr angesagt. Damals waren noch 2 Elefanten dort. In den Jahren danach jedoch gab es keine Elefanten mehr, deshalb gehörte bei unseren weiteren Besuchen immer ein Blick ins Dickhäuterhaus dazu, in dem sich einst die Elefanten tummelten. Dort kann man sie noch auf Bildern betrachten. Leider ist dieses Haus nach heutigem Tierschutzstandard wohl zu klein geworden, ebenso wie die Fläche für das Elefantenfreigehege. Aus diesem Grund wird es wohl zukünftig erst einmal keine Elefanten mehr dort geben.

In diesem Jahr verbrachte ich den letzten Silvesterabend zuhause. Meine Eltern hatten Bekannte zu Besuch und ich wollte das erste Mal das Feuerwerk um Mitternacht sehen. Ich hatte es zu dieser Zeit noch nicht geschafft, so lange aufzubleiben. Meine Mutter weckte mich um 24 Uhr und ich konnte das Silvesterfeuerwerk sehen. Ich bin danach sofort wieder eingeschlafen. Ich glaube ich habe das Feuerwerk gar nicht so richtig wahrgenommen, weil ich viel zu müde war. Aber das konnte sich ja in den nächsten Jahren noch ändern.

2005 (2.Frühlingsjahr)

Im ersten Samstags- und zweitem Frühlingsjahr hat es mir im Kindergarten endlich gut gefallen und ich hatte eine schöne Zeit dort.

Die Kinder akzeptierten meine Eigenheiten und der ein oder andere animierte mich auch zum Mitspielen. Natürlich wurde ich auch geärgert, aber im Kindergarten konnte das ja noch gut durch das Eingreifen der Erzieherinnen gelöst werden. Vielleicht hatte ich ja einen seltsamen Humor, aber ich fand es stets lustig, wenn ein Kind geschimpft oder gemaßregelt wurde, nachdem es etwas angestellt hatte. Normalerweise ist Schadenfreude ja ziemlich unfair, aber für mich war es einfach nur lustig. Ist es übrigens heute noch. Nur nicht, wenn es mich betrifft! Klar!

Mein Lieblingssänger zur Kindergartenzeit kam in diesem Jahr zu uns in die Stadthalle und wir besuchten sein Konzert. Das war ein großes Erlebnis für mich, an das ich mich gerne zurück erinnere. Bis heute höre ich seine Lieder immer wieder gern. Ich besitze viele CDs und DVDs die ich noch oft anschaue. In dieser Zeit entstanden eine CD- und eine DVD-Sammlung. Auch diese Sammlungen sind für mich beendet, da ich genug habe und diese immer wieder anhören und anschauen kann. Nur wenn eine CD/DVD aus diesen Sammlungen kaputt geht oder nicht mehr richtig funktioniert, kaufe ich die gleiche CD oder DVD noch einmal.

Ich lernte nun selbständig den Kalender kennen. Deswegen weiß ich z.B. dass ich mit meiner Oma am Montag 7.11.2005 eine ihrer Freundinnen besucht hatte. Termine und Erlebnisse habe ich mir ab dieser Zeit immer gut gemerkt und setzte mich schon unbewusst mit den Zeiten, Tagen, Wochen, Monaten und Jahren auseinander. Mit der Zeit wurde mein Interesse daran so groß, dass ich alles aufschreiben wollte. So entstand meine eigene Biografie, die ich auf meinem Computer sammelte und immer wieder ergänzen konnte. Sie sollte der Ursprung für dieses Buch werden, was ich zu diesem Zeitpunkt jedoch noch nicht ahnte. Eigentlich war sie ja nur für mich gedacht, deshalb sammelte ich wirklich jedes kleine Detail, das ich erlebt hatte. Die nächste Sammlung war entstanden!

Am 9.9.2005 fuhr ich das erste Mal mit meinem Opa auf einer Sommerrodelbahn. Das machte so viel Spaß, dass wir insgesamt 9mal gefahren sind. Zweimal jährlich gingen wir zum Rodeln und jedes Mal sausten wir 9mal den Berg hinab. Seit 2012 fahre ich alleine. Das ist eines meiner liebsten Erlebnisse.

Ich freue mich jedes Jahr auf die zwei Tage auf der Sommerrodelbahn.

Eine weitere Erinnerung verband mich mit meinem Opa. Er war handwerklich sehr geschickt und baute mir einige Sachen aus Holz. Neben einem Schaukelelefant und einer Ritterburg gestaltete er mir ein Modell meines liebsten Springbrunnens. Er ordnete alle Rohre aus Metallhalterungen an und sägte die einzelnen Fontänen aus. Der Brunnen war die perfekte Nachbildung. Ich konnte damit die Reihenfolge der Fontänen, die immer an- und ausgingen, nachspielen. Da sich die Wasserspiele jährlich änderten, konnte ich die ursprüngliche Abfolge, die ich natürlich kannte, nachspielen. 2016 habe ich diese Reihenfolge mit meinem Springbrunnenmodell gefilmt und habe damit wieder eine Erinnerung an 2002 erhalten.

2005 feierte ich mein erstes Silvester bei meinen Großeltern. Da meine Eltern bei Bekannten eingeladen waren, trafen wir uns mit meiner Mutter am Abend, als es bereits dunkel war, um einige Feuerwerksfontänen anzuzünden. Dies wurde ab diesem Jahr ein Silvesterritual. Jedes Jahr hielt ich länger durch, um bis Mitternacht aufzubleiben und jedes Jahr zündeten wir Feuerwerksfontänen und Wunderkerzen an, um den letzten Tag und ins neue Jahr hinein zu feiern. Seit ich nun bis Mitternacht aufbleiben kann, haben wir dieses Ritual beendet. Jetzt kann ich dem Feuerwerk in der Silvesternacht am Fenster folgen und wir können uns die Ausgaben dafür sparen.

Kinder- u. Jugendjahre

2006 (2.Sommerjahr)

Im ersten Sonntags- und zweiten Sommerjahr übernachteten wir bei Verwandten, die in die Berge gezogen waren. Es war Januar und dort lag besonders viel Schnee. Wir konnten Schlitten fahren und schöne Schneewanderungen machen. So etwas ging sonst nur, wenn wir in den Winterurlaub fuhren. Bei uns zuhause hatte es nie so viel tollen Schnee gegeben. Wir konnten den Winter also mal so richtig genießen. Und ich war sowieso am allerliebsten draußen unterwegs.

Die Schwester meines Opas hatte im Sommer ihren 70. Geburtstag. Den feierten wir in einem Lokal in unserem Dorf. Es lag außerhalb, hinter Feldern und Fluren, in einem Waldstück. Die Umgebung allein lud schon zum Feiern ein. Es waren natürlich viele Verwandte da und ich hatte wieder mal einen Schabernack geplant. Ich bin durch das Lokal von Tisch zu Tisch gelaufen und blies alle Kerzen aus. Mir hat das Spaß gemacht, als alle wieder die Kerzen anzünden mussten. Meine Eltern schickten mich hinaus, weil sie merkten, dass mir langweilig wurde. Sie wussten auch, dass ich das Auspusten nicht nur einmal machen würde. Deshalb bin ich dann lieber viele Runden mit meinem Roller um das Lokal gefahren.

Im Juli kam ich aus dem Kindergarten und im September in die 1. Klasse. Am ersten Schultag besuchten wir zuerst den Gottesdienst und wurden vom Pfarrer gesegnet. Danach fand eine Begrüßung aller Erstklässler und deren Eltern in der großen Turnhalle der Schule statt. Dabei wurden wir von den Drittklässlern mit einem Lied begrüßt. Anschließend durften wir ohne Eltern mit unserer Lehrerin das erste Mal in unser Klassenzimmer. Das war ein ziemlich aufregender Vormittag. Das Besondere an diesem Tag war natürlich neben dem Schulbesuch die große Schultüte, die wohl jedem Schüler die Schule schmackhaft machen sollte.

Mit meiner Oma besuchte ich in diesem Jahr zum ersten Mal ein Kino. Eine meiner liebsten Geschichten zu dieser Zeit wurde als Film gezeigt. Es war sehr aufregend, in einem großen Raum mit einer großen Leinwand auf den Beginn zu warten. Ich glaube, das geht jedem so, der gerne ein Kino besucht. Anschließend haben wir uns die DVD gekauft, damit ich den Film wieder anschauen konnte. So begann wohl auch die Zeit, in der ich bewusst mit der DVD-Sammlung begann. Wie ich bereits erzählt habe, bekam ich natürlich auch viele andere DVDs geschenkt und mit der Zeit wurden es ziemlich viele. Jetzt ist der DVD-Schrank voll und ich kaufe nur noch vereinzelt DVDs, wenn sie nicht mehr richtig funktionieren. Ich kaufe sie dann erneut, um meine Sammlung zu vervollständigen.

Im Dezember bekam ich ein PC-Spiel auf Omas Computer. Da ich dieses Spiel zum ersten Mal an Weihnachten und Silvester spielen konnte, muss ich es seitdem immer zu dieser Zeit spielen. Das gehört zum Feiern für mich dazu.

Bei diesem Spiel macht es mir immer besonders Spaß, gegen die Regeln zu spielen. Das gibt zwar jedes Mal Punktabzug, aber das stört mich nicht. Es ist so einfach lustiger.

2007 (3. Herbstjahr)

Im zweiten Montags- und dritten Herbstjahr war ich in der 1. Klasse. Da hatte ich in der Mitte des Schuljahres die dumme Idee, absichtlich Fehler zu schreiben. Ich hatte zu diesem Zeitpunkt noch keine Schulbegleitung, die mich darauf hinweisen konnte, was falsch war. Dass ich mir damit selber schadete, kam mir nicht in den Sinn. Denn ich musste ja zuhause falsche Wörter jeweils 3mal als Verbesserung schreiben. Das störte mich aber auch nicht unbedingt. Ich hatte große Probleme, meine Schrift richtig in die Zeilen zu schreiben. Meistens waren die Buchstaben viel zu groß für die Zeile, so dass meine Mutter mir entweder die Hand führen musste, oder das Wort höchstens einmal in die Zeile passte. Bald darauf durfte ich dann einen Laptop als Hilfe zu Schreiben benutzen, damit meine Schrift besser lesbar war.

Am Ende der 1. Klasse lernte ich 2 schöne Sommerlieder kennen. Die passten in den Sommerferien gut zu einem Erlebnispark, den wir das erste Mal besuchten, aber dummerweise bei extremem Regen. Ich fand es sehr schön dort, aber meine Mutter und meine Oma, die dabei waren, fanden den Regen eher störend. Danach sind wir nur noch bei schönem Wetter hin gefahren. Auch dort machten wir immer die gleiche Tour mit den gleichen Fahrgeschäften. Das gab mir Sicherheit und es machte mehr Spaß, wenn ich vorher wusste, was wir alles vorhatten. Mittlerweile fallen natürlich alle Fahrgeschäfte aus, für die ich schon zu groß bin. Leider! So genießen wir einfach den Tag, wenn wir dort sind und fahren alles, was noch geht.

Bei meinen Großeltern stellte ich ab und zu Blödsinn an. Am Muttertag schnitt ich eine Blume, die meine Oma geschenkt bekommen hatte, einfach ab. Oma war natürlich nicht besonders begeistert. Aber das war nicht das einzige, was ich kaputt gemacht hatte. Ich dachte, die Basilikumpflanze sei auch eine Blume und sägte sie mit einer Spielzeugsäge ab. Leider konnte man sie danach nicht mehr für den Salat verwenden und sie landete im Biomüll. Opa war so enttäuscht und plumpste vor Schreck vom Sessel.

Da musste ich richtig lachen.

Dann entdeckte ich bei Oma Dosen, in denen sich Pfeffer und Salz befanden. Ich wollte gleich etwas damit ausprobieren. Ich streute sie einfach in ihre Pfanne. Als sie das sah, hat sie sie sofort wieder herausgeschüttet. Weniger Glück hatte sie, als ich Pfeffer und Salz auf den Kuchen, den sie für die Gemeinde gebacken hatte, gestreut hatte. Dieser Kuchen musste dann noch einmal gebacken werden. Er war leider ungenießbar. Für mich war das lustig, für Oma leider mehr Arbeit.

Einmal leerte ich ihren Blumentopf aus dem Fenster auf den Gehsteig. Als meine Mutter mich abholte, sah sie nur, wie Oma alles zusammenkehren musste. Sie erzählte mir, dass solcher Unsinn wohl in der Familie lag, da ein anderer Verwandter, in seinen Kindertagen, das Gleiche gemacht hatte. Zum Glück ist niemand zu dem Zeitpunkt unter dem Fenster vorbei gelaufen.

Warum mir solche Dummheiten nur bei meiner Oma eingefallen sind, weiß ich nicht so genau. Ich schmierte ihr auch eines Tages Sonnencreme in ihre Schuhe. Sie ist natürlich, ohne es zu wissen, hineingeschlüpft und ziemlich erschrocken. Da ich bereits zu Hause war, als sie ihre Schuhe anzog, konnte sie sich bis zu nächsten Besuch von mir wieder von diesem Schreck erholen. Es war für mich wohl wie in dem Lied vom Osterhasen, der seine Eier im Hausschuh versteckt hatte. Vielleicht war das ja der Grund für diese, in meinen Augen, famose Idee. Manchmal übertrage ich Dinge, die nicht wirklich existieren, auf die Wirklichkeit, so wie diesen Liedtext. Auch Dinge, die in Filmen oder Trickfilmen passieren, übertrage ich manchmal in mein Leben. Einige Beispiele dazu folgen noch.

Einige Jahre später stach ich heimlich Löcher in Omas Nachthemd. Als sie es am Abend anziehen wollte, sah sie die Löcher. Entsetzt und verärgert musste sie ein anderes Nachthemd anziehen. Zum Glück konnte sie prima nähen und die Löcher am nächsten Tag wieder schließen.

Im Sommer besuchte ich mit ihr meinen Lieblingsspringbrunnen in einem Park. Es war sehr heiß und viele Besucher badeten im Springbrunnen (obwohl „Betreten verboten" auf dem Springbrunnenrand stand). Ich beobachtete einige junge Männer dabei, wie sie leere Flaschen ins Wasser warfen. Als meine Oma auf der Bank saß und ich alleine am Springbrunnen war, hob ich alles, was auf dem Boden lag, wie Flaschen, Strümpfe und Schuhe auf und warf es in den Brunnen. Die Leute, denen das alles gehörte holten es immer wieder raus. Als ich einen Schuh hineinwarf, rannten 3 Männer auf mich zu, einer schnappte mich und hob mich hoch. „Holst du den Schuh wieder raus!" rief er. Als er mich wieder auf den Boden zurückstellte, bin ich ganz weit weg gerannt. So mussten sie ihren Schuh selbst aus dem Wasser fischen. Am Schlimmsten war, als ich eine kleine Tasche hineinwarf und nicht wusste was da drin war. Später stellte sich heraus, dass sich ein Fotoapparat darin befand, der dem Mann gehörte, der mich hochgehoben hatte. Als meine Oma sich zu erkennen gab, erzählte er ihr alles und sie tauschten Telefonnummern aus, da ich die Kamera vielleicht bezahlen musste. Allerdings haben wir nie wieder etwas von ihm gehört. Vielleicht hatte er Glück und die Kamera funktionierte doch noch. Wer weiß?

Am Anfang der 2. Klasse habe ich mich absichtlich ziemlich dumm angestellt: Wir lernten viel übers Gemüse und ich hatte beim Ausfüllen eines Arbeitsblattes viele Fehler geschrieben, z.B. statt „Kartoffel" stand dort „Stein" und auch viele andere Fehler füllten diesen Lückentext . Beim 1. Lernwortdiktat schrieb ich absichtlich 30 Fehler. Leider war dies ein Nachteil für mich, da ich ja jedes Wort wieder 3-mal verbessern musste.

Die Hausaufgaben waren an diesem Tag ganz schön lang.

Nach den Herbstferien bekam ich eine Schulbegleitung, die mich glücklicherweise beim richtigen Schreiben unterstützen konnte. Ab da machte sich dann bemerkbar, dass ich in Deutsch, besonders in der Rechtschreibung und Grammatik, ziemlich gut war. Im Gegensatz zu Mathematik und für mich unwichtige Dinge zum Auswendiglernen, machte mir Deutsch richtig Spaß. Konnte Schule auch

Freude machen? Na ja, die Dinge, die man gut kann, machen ja immer Freude. Das geht bestimmt jedem so. Über diese Zeit denke ich heute noch nach und muss oft darüber lachen. Man sollte Schule wirklich nicht zu ernst nehmen. Es ist eine Zeit des Lernens, bestimmt aber nicht das ganze Leben. Mit Humor wäre sie noch viel einfacher und schöner zu ertragen. Lernen würde dann sicher auch mehr Freude machen.

2008 (3. Schaltjahr)

Im dritten Schaltjahr (Dienstag der 1.Januar, Mittwoch Silvester) lernte ich das Schaltjahr überhaupt erst kennen, da wir das Thema in der Schule behandelten. Seitdem sind die Dinge, die ich in diesem Jahr kennen lernte, wie verschiedene DVDs oder bestimmte PC-Spiele in jedem Schaltjahr so etwas wie mein „Wahrzeichen". Sie sind in diesem Jahr dann besonders wichtig für mich und ich spiele, bzw. schaue sie sehr häufig an. Das ist für mich ein besonderer Bezug zu diesem Jahr und deshalb immens wichtig.

Im Jahr 2008 waren von den Pfingst- bis zu den Sommerferien 10 Wochen Schule (26.5.-1.8.). Das einzige Mal , dass überhaupt im August noch Schule war. Ich fand es sehr besonders und somit kann ich mich auch gut daran erinnern.

Ich weiß nicht, ob ich der einzige bin, dem es aufgefallen ist und ob es überhaupt für jemanden so interessant ist, wie für mich. Aber dieser Umstand steigerte mein Interesse nur noch mehr, mich über die folgenden und vergangenen Jahre zu informieren. Mir Gedanken darüber zu machen, welche Jahre denn gleich sind und wann sie sich wiederholen.

Am Ende der Sommerferien besuchte ich nochmal den Tiergarten. Leider gab es ja seit diesem Jahr dort keine Elefanten mehr. Nach dem Besuch beschlossen wir, einen Zoo zu suchen, in dem man diese Tiere anschauen konnte. Vielleicht gibt es ja irgendwann mal wieder Elefanten dort, das wäre sehr schön, ist aber leider noch nicht in Sicht. Ich hätte da eine verrückte Idee! Einfach einen Plastik-Elefant aufstellen, so einen mit Luft gefüllten. Na ja, man darf ja träumen. Manchmal gehen Träume ja in Erfüllung.

2009 (3. Frühlingsjahr)

Im ersten Donnerstags- und dritten Frühlingsjahr waren wir auf der Suche nach einem neuen Springbrunnen, von dem meine Oma uns erzählt hatte. Den Ort kannten wir, aber wir wussten nicht, wie der Brunnen aussah. Wir fanden ihn trotzdem! Er war sehr schön, da seine Fontänen sich auch immer abwechselten. Wir verbrachten einige Zeit damit, zu beobachten, in welcher Reihenfolge die Wasserspiele an- und ausgingen. Diesen Brunnen besuchen wir heute noch ab und zu und diese Fontänen sprudeln noch so wie beim ersten Besuch. Wir haben dort noch weitere Springbrunnen gesichtet, die natürlich auch zu unserer Route beim Spaziergang durch die Stadt gehören.

Auf einem Volksfest fuhren wir mit einer Wildwasserbahn. Das war nichts für mich, denn wir sind nass geworden, und es war ziemlich kribbelig im Bauch, als es bergab ging. Ich war froh, als ich wieder aussteigen durfte. Bei Wildwasserbahnen schaue ich deshalb lieber zu und amüsiere mich, wenn die Mitfahrer nass gespritzt werden.

Ich besuchte nun schon die 3. Klasse und hatte eine neue Lehrerin. Ein großes Problem in der Schule war für mich das alljährliche Sportfest. In der Schule in meinem Wohnort fand diese Veranstaltung kurz vor den Sommerferien immer freitagnachmittags statt. In der 1. Klasse war ich schon einmal dabei gewesen. Meine Lehrerin hatte sofort gesehen, dass der ganze Wettbewerb für mich eine Überforderung darstellte und beschloss, mich in der 2. Klasse davon zu befreien. Aber in der 3. Klasse hatte ich eine neue Lehrerin, die ein bisschen strenger war. Sie wollte, dass ich teilnahm. Da sind ich (und meine Mutter) total ausgerastet! Denn eigentlich sollte das doch in der Schule geklärt worden sein. An diesem Tag beschlossen wir, in der 4. Klasse nicht mehr daran teilzunehmen, zur Not auch aus Krankheitsgründen. Da ich in der 4. Klasse schon in einer neuen Schule war, blieb es uns allerdings erspart. Dort fand zwar auch Sportfest statt, aber es war in die Unterrichtszeit integriert und dauerte nicht so lange, da die Klassen nur wenige Schüler hatten. Leider widersprach der Wechsel in die neue Schule dem Recht auf Inklusion, aber in der Regelschule hätte ich mir sicher viel schwerer getan. Deshalb war der Wechsel leider nötig.

Es waren richtig schöne Sommer-, Herbst- (meine Oma war in England und hat viele schöne Bilder mitgebracht, natürlich auch von Springbrunnen) und Winterferien in diesem Jahr. Ich habe mich ganz viel mit Kinderbüchern beschäftigt. Diese Bücher wurden auch verfilmt und ich bekam DVDs davon. Nun konnte ich diese schönen Geschichten anschauen, wenn ich Lust dazu hatte, bzw. wieder mal eine besondere Zeit damit verband und diese dann feierte. Sie bereicherten meine bereits vorhandene Sammlung.

Im Dezember befand mein Opa sich nach einer Operation auf einer Reha-Kur, da haben wir ihn besucht. In meinem Kopf machte sich wieder einmal ein Schabernack-Gedanke breit.

Als ich alleine auf dem Balkon seines Zimmers war, und die Erwachsenen sich im Zimmer unterhielten, warf ich heimlich einen Hocker vom Balkon. Als meine Mutter das bemerkte, war sie entsetzt. Sie war aber froh, dass es niemand gesehen hatte und keiner unten stand und den Hocker auf den Kopf bekommen hatte.

2010 (3. Sommerjahr)

Im zweiten Freitags- und dritten Sommerjahr kam ich nach den Osterferien in die neue Schule. Da sie 40 Kilometer von meinem Zuhause entfernt lag, wurde ich täglich von einem Bus abgeholt und nach der Schule wieder heimgefahren. Am 29.Juli hatten wir einen langen Wandertag, der bis zum Nachmittag andauerte und mir den schönsten Tag meines Lebens bescherte. Wir sind sehr lange gelaufen und haben eine Festung besucht. Dort erfuhren wir viel über die Zeit im Mittelalter und probierten verschiedene Handwerkskünste aus, wie Weben oder Steine mahlen. Der Höhepunkt des Besuches war jedoch das Brunnenhaus, in dem ein meterlanger Brunnen mit einem Gitter bedeckt war, damit man gefahrlos hinunterschauen konnte.

Dieser Brunnen sollte mich später noch sehr beschäftigen. Insgesamt war dieser Wandertag ein neues Erlebnis für mich. Neue Schule, neue Lehrer, neue Schulbegleitung, neue Klassenkameraden. So endete meine Grundschulzeit, in der ich bis zu den Sommerferien allerdings eine strenge Schulbegleitung hatte. Sie fand es wohl lustig, wenn sie mich erschreckte. Mir war das jedoch sehr unangenehm. Nach den Ferien war ich froh, als ich eine neue bekam. Sie war zwar auch etwas streng, aber viel netter als die erste. Und vor allen Dingen, sie erschreckte mich nicht!

Plötzlich machte auch unser Videorekorder schlapp. Er durchtrennte alle Videokassettenbänder. Eine geliebte Kassette bekam einen Bandriss. Da es kaum noch Videokassetten zu kaufen gab und wir aber noch einige anschauen wollten, kauften wir nach den Herbstferien nochmal einen neuen Rekorder. 2011 entschlossen wir uns dann, alle unsere Videokassetten als DVDs zu kaufen. Zum Glück hielt sich die Anzahl in Grenzen. Die Zukunft war auch hier nicht aufzuhalten.

In den Sommerferien gingen wir in einem Rokokogarten spazieren, in dem man wunderbare Springbrunnen entdecken konnte. Einer davon machte stündlich Wasserspiele. Wir waren noch sehr oft dort, weil man dort gut spazieren gehen konnte. Wir filmten alle Springbrunnen und fotografierten sie. Die Bilder landeten in meiner Fotosammlung auf dem Computer. Die Sammlung begann weiter zu wachsen. Denn auch Bilder und Videos, die wir selbst machten, sortierte ich sorgfältig nach Monaten und Jahren.

Im Herbst besuchten wir die Verwandten, die wir einst in den Bergen besucht hatten. Mittlerweile waren sie in unsere Wohnortnähe umgezogen. Dort ließen wir bei einem Spaziergang Drachen steigen. Unterwegs kamen wir an einem Jägerstand vorbei, auf den ich mit der Tante meiner Mutter kletterte. Natürlich wurde ein Foto davon gemacht, weil das Fotografieren ein Hobby des Onkels war. Ich fand diesen Jägerstand besonders interessant, da er mich an ein Computerspiel erinnerte, in dem ich immer Jägerstände zerstörte, statt das eigentliche Ziel. Immer wenn wir dort zu Besuch sind, laufen wir zum Jägerstand und ich klettere mit der Tante hoch. Hoffentlich schafft sie das noch lange!

In den Weihnachtsferien lernte ich eine neue CD mit neuen unbekannten Weihnachtsliedern kennen, die ich immer wieder gerne höre. Auch wenn kein Weihnachten ist. Meine Mutter stöhnt immer, wenn ich mitten im Sommer Weihnachtslieder einschalte und ich mache mir dann den Spaß daraus, es extra deswegen zu tun.

In diesem Jahr hatten wir bisher das einzige Mal weiße Weihnacht!

2011 (4. Herbstjahr)

Im zweiten Samstags- und vierten Herbstjahr besuchte ich bereits die 5. Klasse und lernte wieder viele neue Sachen kennen. Dazu gehörte ein Besuch in einer Residenz und dem dazugehörigen Hofgarten. Das Schöne an der Residenz war und ist es heute noch, dass die Springbrunnen im Winter an bleiben, damit sie bei Frost Eisbrunnen werden. Das ist natürlich ein schönes Ausflugsziel auch in der kalten Jahreszeit.

Mit der Schule war ich am diesjährigen Wandertag das erste Mal in einem Bowlingcenter. Das hat mir sehr viel Spaß gemacht. Ich hatte damals noch Probleme meine Schnürsenkel zu binden und benötigte Hilfe beim Anziehen der Bowlingschuhe. Dieses Erlebnis animierte mich allerdings dazu, Schleife binden zu lernen, was mir auch relativ schnell gelang. So konnte ich beim nächsten Mal meine Schuhe selber binden. Schade, dass es keine Bowlingschuhe mit Klettverschluss gab.

In der Stadt, in der ich die Schule besuchte, fand eines Tages eine Messe statt. Das war etwas Neues und Aufregendes für mich. Ich war jetzt schon in der 6. Klasse und war noch nie auf einer ähnlichen Veranstaltung gewesen. Leider hatte ich zur gleichen Zeit einen eingewachsenen Zehennagel, was sehr schmerzhaft war. Aber die Messe fand ich trotzdem sehr interessant. Und natürlich gab es dort sehenswerte Springbrunnen. Als ich von der Schule nach Hause kam, schmerzte mich der eingewachsene Zeh danach so sehr, dass ich zweimal daran operiert werden musste. Einmal ambulant und als es nicht besser wurde, musste ich noch einmal eine Nacht ins Krankenhaus. Aber damit war mein Krankenhauserlebnis noch nicht zu Ende. Im November begann ich plötzlich nachts zu krampfen und ich musste noch Mal ein paar Tage ins Krankenhaus, um feststellen zu lassen, was die Ursache war. Aber es wurde glücklicherweise keine Epilepsie festgestellt. Ich war anfällig für Krämpfe bei Überforderung und Stress. Diese Anfälle kamen jetzt ab und an häufiger vor. Immer nachts im Schlaf. Das passierte so lange, bis meine Schulzeit endlich aufhörte. Danach ließen auch die Anfälle nach und verschwanden schließlich wieder ganz. Meine Mutter achtete deshalb sehr darauf, mich nicht zu überfordern. Besonders Leistungsdruck war und ist Gift für mich. Zu viele Aktionen oder anstrengende Tage vermeiden wir. Auch Ansammlungen oder Veranstaltungen mit vielen Menschen überfordern mich, deshalb planen wir unsere Ausflüge und Unternehmungen wenn möglich zu einer Zeit, in der nicht so viele Menschen unterwegs sind.

In den Sommerferien schaute ich viele Filme, die eigentlich für Kleinkinder vorgesehen waren. Der Grund war einfach, dass mich als Kleinkind viele Szenen dieser Filme verängstigt hatten und ich wollte diese Angst unbedingt verlieren. Ich begann damit, diese besonderen Szenen erst einmal tonlos anzuschauen, immer und immer wieder, bis es mir endlich gelang, sie mit Ton und ohne Angst zu starten. Darauf war ich dann ziemlich stolz.

Mit Oma besichtigten meine Mutter und ich eine Burg und anschließend waren wir das erste Mal in einem Puppenmuseum.

Es war spannend, zu sehen, welche Spielsachen den Kindern von früher zur Verfügung standen.

Kein Vergleich zu den heutigen Massenspielsachen, die eigentlich kein Mensch braucht. Ich bin froh, dass ich immer mit weniger Spielsachen zufrieden war, obwohl ich auch ziemlich viel Zeug hatte, was oft nur rumlag. Viel lieber spielte ich mit Haushaltsdingen oder verschlang Bilderbücher oder hörte stundenlang Musik. Meine Mutter konnte immer ohne Sorge mit mir zum Einkaufen oder in Spielwarenläden. Ich schaute mir die Dinge zwar alle an, aber ich konnte problemlos ohne Spielsachen oder Süßigkeiten die Läden wieder verlas-

sen. Ich war da wohl sehr einzigartig als Kind. Es waren eher Bücher-
läden, die uns zum Kaufen animierten.

Diese weitere Sammlung hatte ich meiner Lesefreude zu verdan-
ken. Diese Sammelleidenschaft teilte ich intensiv mit meiner Mutter,
die ebenfalls viele Bücher besaß und Lesen zu ihren Lieblingsbeschäf-
tigungen gehört.

2012 (4. Schaltjahr)

Im vierten Schaltjahr (Sonntag der 1.Januar, Montag Silvester)
machte ich einige negative Erfahrungen, besonders in der Schule. Ich
hatte strenge Lehrer, bei denen ich am Jahresende oft eine Strafarbeit
aufbekam, weil ich immer im Unterricht lachen musste und nicht auf-
hören konnte. Meine Gedanken waren bei anderen Dingen, die ich
erlebt hatte und die sehr lustig waren. Ich musste zu Hause ganz oft „
Ich darf nicht lachen" schreiben. Hat aber nicht viel genutzt, weil ich
mich einfach nicht mehr in der Schule konzentrieren konnte und die
Sommerferien herbeisehnte. Auch ist fraglich, ob diese Methode
überhaupt etwas nützt, wenn man bereits ferienreif ist.
Na ja, dann war eben das Schreiben selbst eine gute Übung
für mich.

Die Ferien fand ich in diesem Jahr auch nicht schön, weil wir viele
Termine hatten, für die ich meine Freizeit opfern musste. Deswegen
haben wir alle nicht so schönen Termine nie wieder in irgendwelche
Ferien gelegt, denn die Ferien sind Ferien und mir heilig.

In einem großen Möbelhaus entdeckten wir einen schönen neuen Springbrunnen, der zu bestimmten Zeiten Wasserspiele mit Musik machte. Das war ein toller Brunnen, den wir oft besuchten, einfach so, ohne dass wir irgendwelche Möbel brauchten. Da er sich direkt an einer Rolltreppe befand, konnten wir ihn von mehreren Etagen aus beobachten, fotografieren und filmen. Natürlich für meine Sammlung.

Neben den negativen Erlebnissen in den Ferien fuhren wir in einen neuen Tierpark, der sich allerdings als kleineres Tiergehege entpuppte. Wir haben den Besuch als Ausflug genossen und ich wollte gerne eine Portion Pommes essen. Die schmeckten nicht besonders gut, so dass dieser Ausflug eher negativ in Erinnerung geblieben ist. Um den Tag zu retten, fuhren wir in einen Aqua-Park, in dem man sämtliche Tiere und Fische unter Wasser bestaunen konnte. Es gab ein Terrarium mit vielen Krokodilen, durch das man über eine Brücke laufen konnte. Die Krokodile bewegten sich nicht und wir fragten uns wirklich, ob sie wohl alle echt waren. Wir fragten uns das sehr lange, bis wir eines Tages dazu kamen, als eine Tierpflegerin gerade die Blumen des Terrariums gießen wollte. Sie spritzte mit dem Schlauch in der Gegend herum und traf die Krokodile mit ihrem Wasserstrahl. Und siehe da, sie waren wirklich alle echt. Das war ein tolles Erlebnis, da wir jetzt definitv wußten, dass die Krokodile nicht aus Plastik sind.

Im zweiten Dienstags- und vierten Frühlingsjahr war ich in der 7. Klasse und das Mobbing in der Schule wurde schlimm. Viele, viele Schüler ärgerten mich. Da ich besonders schreckhaft war, erschreckten sie mich absichtlich und da ich natürlich ständig darauf reagierte, machte es ihnen wohl besonderen Spaß. Das war eine schlimme Zeit für mich. Selbst mit Schulbegleitung wurde es nicht besser und deshalb machte es mir keinen Spaß in die Schule zu gehen. Jedoch hatte ich noch 2 Jahre vor mir und ich war froh, wenn ich zu Hause meine Ruhe hatte.

Die herbeigesehnten Sommerferien brachten neue Eindrücke und etwas Entspannung. Wir besuchten ein Terrassenschwimmbad und einen weiteren Zoopark. Der war schön und wir waren noch einige Male danach dort. Hier gab es einige Elefanten, dafür aber keine Krokodile. Ich stellte fest, dass es in jedem Zoo etwas anderes zu sehen gab, wenn auch vieles gleich war. So haben wir die Möglichkeit, uns immer auszusuchen, welchen Zoo wir wieder mal besuchen möchten. Lieber den mit Krokodilen oder doch mit Elefanten ? Wo geht es wohl das nächste Mal hin?

Mir fiel auf, dass mein Geburtstag am Dienstag das letzte Mal 2002, also vor 11 Jahren war. Ich begann also, mich intensiver für das Thema, „Wie die Jahre funktionieren", zu interessieren und näher zu erforschen, wie sie sich rein rechnerisch wiederholen. Und dieses Thema hielt mich besonders gefangen, bis zum heutigen Tag und darüber hinaus. Diese Erkenntnisse wurden mir so wichtig, dass ich sie auch in diesem Buch festhielt und ich ziemlich stolz darauf war, all die Zusammenhänge selbständig herausgefunden zu haben. Für manchen mag es nichts Besonderes sein, aber nach meinen Erfahrungen mit Mathematik in der Schule war selbst meine Mutter sehr beeindruckt von meiner Leistung. Und ich selbst natürlich auch!

2014 (4. Sommerjahr)

Im zweiten Mittwochs- und vierten Sommerjahr galten meine Gedanken all meinen Erlebnissen der letzten Jahre. Ich „schrieb" meine Erinnerungen, die ich jetzt hier aufs Papier brachte, quasi bereits in meinem Kopf auf.

Zwei verschiedene Zooparks wurden in diesem Jahr unsere Ziele und das Terrarium mit den echten Krokodilen. In einem der Zooparks gab es 2 große grüne Alligatoren, die sich doch tatsächlich bewegten. Außerdem konnte ich mich wieder auf einen tollen Tag auf der Sommerrodelbahn freuen. Nach dem Rodelbahnbesuch machten wir einen Abstecher in eine Märchenhöhle, denn Märchen mochte ich auch sehr gerne. Dort gab es eine kleine Führung durch die Höhle, in der sich die Szenen der einzelnen Märchen durch Puppen wie in einem Märchenwald darstellten. Wir bekamen neben den Märchen auch noch Informationen darüber, wie die Höhle entstanden war.

Ein weiterer Burgbesuch durfte natürlich auch in diesen Ferien nicht fehlen. Unsere Ferien planten wir übrigens immer mit ganz vielen Tagesausflügen, da wir keine Fernreisen unternahmen.

Für mich und meine Eltern war der Urlaub zu Hause einfacher und wir konnten trotzdem viele neue und schöne Abenteuer erleben.

Da meine Großeltern eine Reise geschenkt bekommen hatten und das Reiseziel nicht so weit entfernt von unserem Dorf lag, besuchten wir sie dort. Das war in den Pfingstferien. Wir konnten einen Tag entspannen und die Zeit genießen. Nach dem Ärger mit den vielen Schülern in der Schule freute ich mich, dass bald das letzte Schuljahr für mich begann.

2015 (5. Herbstjahr)

Im zweiten Donnerstags- und fünften Herbstjahr fieberte ich meinem letzten Schuljahr entgegen. Ich hoffte, dass es schnell vorüberging. Ich musste es aber noch durchstehen, dann hatte ich diesen Stress ohne Ende endlich hinter mir. Zur Entspannung besuchten wir ein Schwimmbad in unserer Gegend, welches neu umgebaut worden war. Dort gab es neue Schwimmbecken, unter anderen ein Jod-Selen-Becken, das bei meiner Oma eine allergische Reaktion der Haut auslöste. Ich ging daher immer alleine in das Becken, wenn wir im Schwimmbad waren. Glücklicherweise konnte man in diesem Becken stehen, denn leider konnte ich nicht schwimmen. Was mir gefiel, waren die Massagedüsen an den Wänden. Dort kann ich lange Zeit stehen und mich an Rücken und Beinen massieren lassen. Entspannung pur !

Für das nächste Erlebnis ist ein kleiner Rückblick in meine Kinderzeit nötig. Als ich gerade 2 Jahre alt war, wollte meine Mutter mit mir zum Frisör. Da ich noch nie dort war, wusste ich nicht, was da auf mich zukam. Bei jedem kleinen Schnitt schrie ich und niemand konnte mich beruhigen. Meine Mutter beschloss daraufhin, mir zukünftig erst einmal selbst die Haare zu schneiden. Bis zum Jahr 2015 kürzte meine Mutter meine Haare, aber dann schnitt ich sie mir selbst, denn zum Frisör ging ich immer noch nicht. Das erste Mal kürzte ich sie heimlich, aber es wurde bald bemerkt, da die Hälfte meiner Frisur kurz und die andere Hälfte lang war. Die Idee zum Haareschneiden hatte ich, als ich das in einem Zeichentrickfilm sah. In den Sommerferien schnitt ich mir regelmäßig die Haare und versteckte sie hinter einem Schrank im Badezimmer. Meine Mutter bemerkte es erst, als sie nach den Ferien der Schrank vorschob, weil sie das Wasser wegen Reparaturarbeiten abstellen musste. Da fand sie meine Haare. Ein Jahr später kam mir der Gedanke, es auch bei meiner Oma auszuprobieren und auch dort versteckte ich sie das erste Mal heimlich unter ihrem Bett. Als sie die Haare entdeckte, dachte sie zuerst, da sitzt eine Maus und erschrak.Oma hatte nämlich großen Ekel vor Mäusen. Als sie sich von diesem Schreck erholt hatte, hob sie das Bett noch einmal vorsichtig hoch und sah dann, dass es abgeschnittene Haare waren. Sehr lustig, oder? Ja, ich weiß, nur für mich! Ab da machte ich mir einen Spaß daraus und versteckte regelmäßig Spielzeugmäuse in ihren Schuhen oder im Bett.

Bei einem Besuch bei meinen Großeltern fiel mir der Kochlöffel, mit dem ich immer meine Nudeln kochte, hinter den Einbauschrank in der Küche. Wir kauften gleich 3 neue Kochlöffel, da mein Großvater sagte, dass ich den anderen nicht mehr hinter dem Schrank hervor holen könnte. Einige Zeit später passierte dasselbe mit einer Mini-Billardkugel von einem Mini-Billardtisch, den ich zu meinem 5. Geburtstag bekommen hatte. Sie rollte ebenfalls hinter den Schrank, in dem sich der Mülleimer befand. Meine Großeltern wollten den Schrank vorschieben, aber es gelang ihnen nicht. Meine Oma wollte aufgeben und meinte, dass die Kugel nun wohl für immer verloren war. Aber Opa gab nicht auf und so gelang es ihm schließlich, nachdem er den Mülleimer abgeschraubt hatte, die Kugel zu erreichen. Die Bemerkung von Oma traf mich allerdings so hart, dass ich keine Lust mehr hatte, mit der Billardkugel zu spielen. Ich war ein bisschen böse auf sie. Dies ging bis zu den Faschingsferien 2016 so. Kurze Zeit später habe ich dann nochmal in Ruhe mit Oma über die Billardkugel geredet, damit sie es in Zukunft mir überlässt, wie ich die Sachen, die hinter einen Einbauschrank fallen wieder hervorholen kann.

Und so bekam ich schließlich auch wieder Lust, mit meinem Billardtisch, den ich zu meinem 5. Geburtstag
bekommen hatte, zu spielen.

Nach diesem Erlebnis erinnerte ich mich plötzlich daran, dass ja auch noch der Kochlöffel hinter dem Einbauschrank lag. Ich konnte in dieser Nacht kaum einschlafen, weil ich immer an den Kochlöffel denken musste. Ich wollte unbedingt einen Weg finden, um ihn doch raus zu holen. Schließlich hatte es mit der Kugel auch funktioniert. Am nächsten Tag schlich ich mich heimlich in die Küche, untersuchte den Schrank genauer und fand tatsächlich ein kleines Loch in der Rückwand, wo ich den Kochlöffel sehen konnte. Ich versuchte mit einem Maßstab heranzukommen, aber das gelang mir nicht. Schließlich fiel mir ein, dass wir ja eine lange Zange zum Müll aufheben hatten und mit dieser Zange schaffte ich das Unmögliche. Ich hatte meinen Kochlöffel wieder. Ich spülte ihn ab und zeigte ihn stolz meinen Großeltern. Meine Überraschung war geglückt. Sie freuten sich sehr darüber. Der Kochlöffel ging jedoch kurze Zeit später kaputt und ich sollte ihn wegwerfen. Aber das brachte ich nicht fertig, denn ich hatte ihn doch endlich gefunden und aus seinem „Gefängnis" befreit. Ich saß also mit dem kaputten Löffel in der Küche und grübelte, was ich machen sollte. Da kam Opa herein und sagte, dass man mit dem halben Kochlöffel doch auch noch kochen konnte. Jetzt habe ich ihn immer noch, aber wenn er irgendwann nicht mehr benutzbar ist, werde ich ihn in eine Folie wickeln und an die Wand hängen. Moderne Kunst halt! Ich schreibe dann darunter: „Von mir aus dem Gefängnis befreit!" Erinnerungen sind so einfach!!

Das Schuljahr ging endlich zu Ende und jetzt hieß es, sich nach einer Berufsschule umzusehen. Ein Jahr Berufsschulpflicht musste noch sein. Glücklicherweise gab es eine passende Schule in unserer Wohnortnähe, so dass ich nicht mehr so weit fahren musste. Meine Mutter konnte mich täglich zur Schule bringen und wieder abholen. Ich hatte auch einen verkürzten Stundenplan und musste nur die Hälfte der Zeit in der Schule verbringen, da meine Belastungsgrenze bei 4-6 Stunden täglich lag. Die vielen praktischen Dinge in der Berufsschule machten mehr Spaß, als das ständige Leistungslernen, wovon eh nicht mehr viel hängen blieb, wenn man die Schule verlassen hatte. Außer natürlich wenn es interessant für mich war. Viele Sachen, die ich in der Schulzeit nur schwer lernte, interessierten mich nun doch und ich beherrschte sie in kürzester Zeit. Mir wurde sehr deutlich, dass es sehr wichtig ist, Freude an etwas zu haben, damit man gerne und schnell fürs Leben lernt. Der normale Schullehrplan sollte in dieser Richtung wirklich einmal entrümpelt werden. Dann gäbe es bestimmt mehr Schüler, die gerne in die Schule gingen. Jedenfalls war die Berufsschule kein Vergleich zur Regelschule. Ich bekam aufgrund meiner Störung sogar einen eigenen kleinen Raum, in dem ich meine Pausen verbringen konnte. Ich durfte ihn gemütlich einrichten und meine Schulbegleitung konnte mich dabei unterstützen.

So startete ich positiv in dieses letzte Schuljahr. An Weihnachten passierte uns ein Computer-Unfall. Meine Computerspiele funktionierten nicht mehr, was gerade an Weihnachten und Silvester für mich besonders schlimm war. Wie bereits erwähnt begann meine Computerzeit mit einem besonderen Spiel, welches ich immer zu dieser Zeit gespielt hatte. Und dieses Jahr fiel es aus. Das gefiel mir natürlich überhaupt nicht, denn es dauerte noch einige Zeit, bis wieder alles in Ordnung war. Deswegen empfand ich in diesem Jahr Weihnachten und Silvester als nicht so schön. Ich konnte mich nur darauf freuen, dass im nächsten Jahr alles wieder spielbar sein würde.

2016 (5. Schaltjahr)

Im fünften Schaltjahr (Freitag der 1.Januar, Samstag Silvester) beendet ich endlich meine Schulpflicht. Ich konnte mich endlich wieder frei fühlen. Zwischen den Pfingst- und Sommerferien lagen noch einmal 9 Wochen Schule, also fast so lange, wie im dritten Schaltjahr (2008). Aber dann war ich endlich und für immer schulfrei!!! Das Schöne am Ende dieses Jahres war, dass wir eher Ferien hatten, da ja im Sommer Prüfungen stattfanden und danach kein Unterricht mehr stattfand!

Also begannen diese Sommerferien früher und würden diesmal kein Ende nehmen.

Dieses Jahr bescherte mir noch einige Erlebnisse. Immer wenn ich bei meinen Großeltern übernachtete, bin ich abends oft mit meiner Oma spazieren gegangen. Am Rande unseres Wohnortes gab es einen schönen Spazierweg durch die Felder und Gärten. Dieses Gebiet erinnerte mich an einen Ort, den ich in einem Computerspiel gesehen hatte und der mir sehr gefiel. Ich beschloss daraufhin, diesen besonderen Ort in jedem Schaltjahr zu feiern, indem wir dort im Frühling auf jeden Fall spazieren gehen müssen.

Nach einer Krankheit saß mein Vater einige Zeit im Rollstuhl und wir besuchten ihn in der Reha-Klinik. Ich liebte es, als Autist, jegliche Form der Wortspielerei und natürlich unsinnige Dinge zu erzählen. Ich wollte meinen Vater aufheitern und da schrieb ich ihm folgenden Zettel: Ich mag den Duft von Kuhmist sehr." Er fand es sehr amüsant. Aber eigentlich war es die Wahrheit. Ich mag den Duft, bzw. Gestank, wenn wir durch die Gegend fahren und es plötzlich nach Kuhmist riecht. Meine Mutter schüttelt dann nur den Kopf und ich muss immer lachen.

Wieder entdeckten wir im Internet einen neuen Zoo, den wir unbedingt besuchen wollten. Voller Erwartung fuhren wir unserem Ziel entgegen. Was es dort wohl für Tiere und Attraktionen gab? Wir waren gespannt. 2 Stunden dauerte die Fahrt und wir freuten uns auf einen schönen Zoo-Tag. Doch als wir dort ankamen, mussten wir leider feststellen, dass der Zoo nur ein kleiner Tierpark mit heimischen

Tieren war. Er war wunderschön angelegt, aber es gab leider nicht viel zu sehen. Wenn man an diesem Ort wohnt, ist der Spaziergang durch den Tierpark sicher eine schöne Abwechslung. Aber die 2 Stunden - Fahrt hätten wir uns sparen können.

Ein weiteres wichtiges Ereignis fand in unserem Wohnzimmer statt. Wir hatten an der Decke eine Lampe mit 2 Schienen und insgesamt 5 Glühbirnen, die bei unserem Einzug im Jahr 2000 montiert wurden. Kurz nach meinem 2. Geburtstag waren bereits 2 Glühbirnen durchgebrannt, so kauften wir 2 neue.

Bereits 2 Jahre später gingen nacheinander mehrere Glühbirnen kaputt und schließlich funktionierte die Lampe nur noch mit 2 Lichtern. Erst störte uns das nicht, da selbst die 2 Lichter genügend Helligkeit spendeten. Man konnte dadurch auch Strom sparen. Als dann 2005 nur noch eine Glühbirne brannte, wurde es uns schließlich doch zu dunkel und wir beschlossen, alle 5 neu zu ersetzen. Meine Mutter steckte in jede Fassung eine Birne und schaltete das Licht ein. Eine ging nicht an. Ich erkannte, dass sie die einzige war, die auf der zweiten Schiene befestigt war. Die Glühbirnenhalterung schien kaputt zu sein. Es gingen immer nur 4 Lichter an und das störte mich. Als schließlich auch noch eine Birne der anderen 4 kaputt ging, brannten wieder nur 3 Lichter. Eigentlich genügten ja 3 Lichter, aber es ließ mir einfach keine Ruhe. Ich wollte wissen, warum die eine Glühbirne nicht funktionierte. Wir fragten im Geschäft nach, ob man sie reparieren konnte, aber das war nicht der Fall und so machte ich mir ständig Gedanken darüber, was wir noch tun könnten. Plötzlich hatte meine Mutter eine Idee. Ich hatte ja festgestellt, dass die Lampe, die nicht ging, auf der 2. Schiene befestigt war. So kam uns die Idee, die Glühbirnenfassung einfach auf der anderen Schiene zu befestigen. Der letzte Strohhalm war zum Greifen nahe. Mit Spannung erwarteten wir das Ergebnis. Würde die Lampe gleich leuchten, oder würden wir maßlos enttäuscht sein?

Es funktionierte tatsächlich! Das bedeutete für mich, dass die Fassung nicht kaputt war, sondern die 2. Schiene. 11 Jahre lang dachten wir, die Lampe sei beschädigt. Jetzt brennen endlich wieder alle 5. Das braucht natürlich mehr Strom, deshalb schalten wir sie nicht ständig ein. Nicht wenn es nicht unbedingt nötig ist. Da es diese Lampen heute nicht mehr zu kaufen gibt, ist sie für mich ziemlich wertvoll. Fast zu wertvoll zum Benutzen. Kuscheliges Licht am Abend, beispielsweise durch Lichterketten oder Stehlampen ist doch auch viel schöner, oder?

Im Dezember wollten wir auf einen Weihnachtsmarkt, aber als wir losgefahren waren, hatten wir eine Autopanne und mussten umkehren. Wir hätten mit dem Auto meiner Großeltern fahren können, aber in deren Auto gab es noch keinen CD-Spieler und ich konnte keine langen Autostrecken fahren, ohne CDs anzuhören. So hatte sich der Besuch schnell erledigt. Ich habe meinen Großeltern mittlerweile einen CD-Spieler für ihr Auto geschenkt. Wenn wir wieder mal eine Panne haben, können wir jetzt auf das andere Auto ausweichen. In diesem Jahr begann ein neues Weihnachtsritual für uns. Ich hatte im Sommer bei Nachbarn im Garten noch einige Ostereier aus Plastik gefunden und mitgenommen. Ich habe niemandem davon erzählt und sie an Weihnachten heimlich als Schmuck an den Weihnachtsbaum gehängt. Meine Mutter und meine Oma haben vielleicht gestaunt. Das war so witzig, dass ich das jetzt jedes Jahr mache, wenn ich den Baum schmücken darf. Ich nehme natürlich keine Ostereier mehr aus fremden Gärten mit, denn das ist ja Diebstahl, sondern nehme die Ostereier, die wir zu Hause haben. Im Jahr 2018 sind wir bei uns im Wildpark spazieren gegangen und haben doch tatsächlich an Ostern einen Weihnachtsbaum mit Ostereiern geschmückt, gesehen. Das war wirklich lustig, als wir meine Weihnachtsidee tatsächlich auch noch an Ostern gefunden hatten.

2017 (5. Frühlingsjahr)

Im zweiten Sonntags- und fünften Frühlingsjahr fiel mir eine Videokassette in die Hände, deren Band gerissen war. Ich erinnerte mich daran, dass sie damals im Videorekorder kaputt gegangen war. Um den Inhalt der Kassette zu retten musste mir etwas einfallen. Meine Mutter hatte im Jahr zuvor eine Audiokassette repariert, indem sie das Band mit Tesafilm wieder zusammenklebte. Ich versuchte das Gleiche mit der Videokassette. Es funktionierte tatsächlich und so konnte ich die reparierte Videokassette noch einmal anschauen. Dabei filmte ich den Inhalt mit meiner Kamera und brannte eine DVD davon. Das war wirklich Glück, denn jetzt konnte ich sie wieder anschauen. Die Qualität lässt zwar zu wünschen übrig, aber Hauptsache, ich kann den Film anschauen.

Meine Gedanken darüber, wie ich meine Erlebnisse der vergangenen Jahre in Erinnerung behalten konnte, wurden immer stärker. In diesem Jahr bekam ich viele gute Ideen, um alle vorherigen Jahre wieder zu mir zurückzuholen und sie entsprechend zu feiern!!! So begann ich vieles aufzuschreiben und zu sortieren. Immer wieder fielen mir Dinge ein, die ich vergessen hatte und plötzlich wieder wichtig waren. Meine Mutter sagte mir damals schon, dass ich ein Buch darüber schreiben könnte. Stattdessen feierte ich aber alles Mögliche. Zum Beispiel auch dieses Jahr, in dem wieder einmal Weihnachten und Silvester auf einen Sonntag fielen. 11 Jahre waren bereits vergangen, als ich mit einem Computerspiel den Umgang mit dem PC erlernte. Das war eine Feier wert!

Leider hatte ich in diesem Jahr eine Speicherkarte mit Bildern und Filmen aus dem Jahr   2013-2015 verloren. Da ich bereits in meinem Sammelfieber war, wollte ich sie unbedingt wiederfinden. Überall, wo wir nun hinfuhren, auch während sämtlicher Spaziergänge und Ausflüge suchten wir danach. Da ich keinen Anhaltspunkt hatte, wo sie denn sein könnte, fragte ich viele Leute:

„Entschuldigung, haben Sie vielleicht eine Fotoapparat lose Speicherkarte gesehen?" Aber alle antworteten mit „Nein".

Wir ahnten ja nicht, wo wir sie schließlich finden würden. Ich begann damit, die Bilder der Karte nachzuahmen bzw. neu zu gestalten. Ich fotografierte und filmte alles, woran ich mich erinnern konnte noch einmal neu, so gut und genau, wie es nur möglich war! Einmal halfen mir sogar zwei Mädchen, sie zu suchen.

 Das war sehr nett, aber leider vergebens!

Kurz nachdem die Kopie fertig erstellt war, tauchte die Speicherkarte wieder auf. Meine Oma hatte sie in ihrer Tasche gefunden. Welch ein Wunder! Da habe ich sie wohl umsonst nochmal rekonstruiert!

Wie aus meinen Erzählungen bereits hervorging, planten wir in jedem Jahr einen Zoobesuch. Als wir in diesem Jahr wieder im Tiergarten waren, prägte uns ein besonderes Erlebnis, das uns noch sehr lange beschäftigen sollte.

So besuchten wir das Tropenhaus des Tiergartens, in dem ein kleines Krokodil zu sehen war. Ich erinnerte mich wieder an die vielen Krokodile im Terrarium und fragte mich auch hier, ob es denn echt war. Da es sich überhaupt nicht bewegte und nur da saß mit einem Stück Fleisch im Maul, konnte ich das jedenfalls nicht glauben. Würde ein Krokodil nicht lieber fressen? Wir haben uns gemerkt, wo es saß und uns gesagt: „Wenn es das nächste Mal noch genauso aussieht, dann wissen wir, dass es kein echtes Krokodil ist!" Wir wollten uns überraschen lassen.

2018 (5. Sommerjahr)

Im dritten Montags- und fünften Sommerjahr habe ich herausgefunden, dass das Jahr 2018 erst wieder in 11 Jahren die gleichen Tage hat (aber Montag, der 1.Januar ist auch im Schaltjahr 2024 am Montag).

Immer tiefer tauchte ich in die Materie ein und hatte mich nun endgültig für alle Jahre und deren Tage interessiert und ohne Hilfe herausgefunden, was wann immer (wieder) ist, z.B. dass der Tag des 29. Februars immer alle **28** Jahre gleich ist (der 29. Februar war 2020 ein Samstag und ist nun erst wieder in **28** Jahren an einem Samstag).

Um mir die Jahre zwischen den zwei Schaltjahren leichter zu merken, hatte ich dann die Idee mit den veränderten Jahresnamen (Frühlingsjahr = 1. Jahr, Sommerjahr = 2. Jahr, Herbstjahr = 3. Jahr und

Schaltjahr = 4. Jahr). Für andere Personen scheint dies kompliziert zu sein, für mich war es eine Vereinfachung. Eine schöne, einfache Erinnerung in diesen Jahren inspirierte mich zu dieser Namensgebung.

So nannte ich das 1. Jahr Frühlingsjahr, weil ich in diesem Jahr (2017) bei mir zuhause alles schön geschmückt hatte, so wie es der Frühling mit der Natur macht nach einem langen Winter. Das zweite Sommerjahr, weil sich in diesem Jahr der warme Sommer besonders schön für mich anfühlte. Mit all den Erlebnissen und Begebenheiten konnte ich die Zeit besonders genießen. Das dritte Herbstjahr, (das 3. Jahr nach dem Schaltjahr, bzw. das letzte vor dem nächsten Schaltjahr), da es für mich so ähnlich langweilig war, wie ich damals den Herbst fand.

Das vierte Schaltjahr (nicht Winterjahr, aber der 29. Februar ist für mich wie der Schnee, den es nur im Winter gibt), weil es eben das Schaltjahr war.

Ich beschloss in diesem Moment, jedes Mal, wenn das gleiche Jahr wieder kommt, alles was ich in diesem Jahr gemacht, erlebt und gesehen hatte, genauso zu wiederholen und wieder zu erleben. Beispielsweise waren wir 2007 das erste Mal in einem Freizeitpark und gehen immer, wenn die Tage gleich sind, im betreffenden Jahr auf jeden Fall hin (2018 war alles wie 2007). Natürlich besuchen wir den Park auch mal zu anderen Zeiten, aber auf jeden Fall IMMER, wenn die Tage gleich dem Kennenlernjahr sind.

Rückblick: Im letzten Jahr wollten wir herausfinden, ob das Krokodil im Zoo echt war, da es sich mit seinem Fleisch im Maul keinen Millimeter bewegt hatte. Es saß diesmal an einer anderen Stelle ohne Fleisch und bewegte sich wieder nicht. Wir konnten immer noch nicht erkennen, ob es wirklich lebendig war. Vielleicht war es ja aus Gummi??? Wir waren nicht überzeugt, dass es lebte. Wie würde es wohl beim nächsten Besuch sein. Wie konnten wir herausfinden, ob es lebendig war? Würden wir es jemals wissen? Auch dieses Mal gingen wir mit einem ungelösten Rätsel nach Hause.

Ein tolles Erlebnis war ein anschließender Besuch in einem Freilandmuseum. Dort konnte man alte Häuser besichtigen und erfuhr, wie die Menschen früher gelebt hatten. Auch in einem alten Schulhaus konnte man die Schule von damals kennen lernen. Das war ja noch schlimmer als heute. Glücklicherweise war meine Schulzeit ja nun vorbei. Im Freilandmuseum durften auch Gänse frei herumlaufen. Wir machten einen großen Bogen um sie, damit sie uns nicht verfolgten. Es waren zwar keine Hunde, aber Respekt hatte ich trotzdem vor ihnen. Interessant war auch, wie man sich früher als Kind beschäftigte, da es noch kaum Spielsachen gab und das meiste Spiel im Freien stattfand.

Mein Computer wurde ein „supercooler Jahres-Vergnügungspark"!! Ich sortierte alle mir bekannten Lieder, die ich in den jeweiligen Jahren kennengelernt hatte, wie in einer Hitparade auf meinem Computer. So konnte ich sie immer passend zum jeweiligen Jahr anhören. Aber natürlich auch, wenn ich sie einfach so einmal hören wollte. Eine weitere neue Sammlung war geboren. Wie bereits erwähnt, höre ich sehr gerne Musik und diese Sammlung war einer meiner Höhepunkte in diesem Jahr.

Beginn der Erwachsenenjahre

2019 (6. Herbstjahr)

Im dritten Dienstags- und sechsten Herbstjahr begann alles so, wie das Jahr zuvor aufgehört hatte. Mit der Erstellung einer Musik-CD. Ich konstruierte mir eine „supercoole Jahres-CD-Collection" und nannte sie „Jahre hineinhören". Alle Lieder, die ich in den jeweiligen Jahren kennengelernt hatte, sind hier aufgespielt. So entstanden schließlich 3 CDs. Die erste beinhaltet die Lieder von 1999 - 2008, die zweite von 2009 - 2017 und die dritte ab 2018. Die kommenden Jahre wird es wohl noch weitere CDs geben. Diese Collection hörten wir oft, wenn wir mit dem Auto wegfuhren. Auch heute noch ist sie in meiner Ablage auf dem Beifahrersitz zu finden.

Neben den negativen Erfahrungen in der Schulzeit hatte ich auch viele schöne Erlebnisse. Dazu gehörte auch der erste lange Wandertag zur Burg, der zu meinem schönsten Tag wurde. Wir besuchten, wie bereits erwähnt, das Museum und erkundeten die ganze Burg. Ein Gebäude faszinierte mich besonders, **das Brunnenhaus**. Hier konnte man in einen tiefen Brunnenschacht blicken. Der Brunnen war mit einem Schutzgitter geschlossen, so dass man gut und gefahrlos in die Tiefe schauen konnte. Leider erfuhren wir nun, dass das Brunnenhaus in der Zwischenzeit geschlossen war, weil Schulkinder bei Besichtigungen darauf herumgeklettert waren. Man konnte es nur noch in Verbindung mit einer Burgführung besichtigen. Und eine Führung, die mindestens 45 Minuten dauerte, war mir einfach zu lang. Man musste stillstehen und aufpassen, wie in der Schule. Das wollte ich auf keinen Fall. Das Brunnenhaus sollte ab 2026 zum Museum gehören. Wie genau es dann weitergehen würde wusste leider keiner. Das Problem war, dass ich, wie bereits bekannt, mittlerweile alle meine Erlebnisse in den gleichen Jahren wieder erleben oder feiern wollte. Das heißt, ich wollte 2021 (ein Freitagsjahr, das das letzte Mal vor 11 Jahren war) das Brunnenhaus besuchen. 2010 fand ja der allererste Burgbesuch statt. Gleichzeitig war auch mein Geburtstag an einem Freitag. Da ich an einem Freitag geboren wurde, war dieses Jahr also doppelt wichtig für mich.

2011 machte ich noch einmal einen Ausflug mit meiner Mutter dorthin, deshalb möchte ich natürlich zusätzlich 2022 auch hinfahren.

Um trotzdem das Brunnenhaus auch ohne Führung besichtigen zu können, schrieb ich mit meiner Mutter eine E-Mail an die zuständige Verwaltung und schlug vor, einen **Zaun** um den Brunnen zu bauen, damit man ungehindert den Raum betreten konnte. Aber die Verantwortlichen fanden den Zaun nicht zielführend.

In einer weiteren Nachricht schrieben sie uns, dass wir über Sondersituationen sprechen könnten, um das Brunnenhaus anschauen zu können. Wir riefen im Frühjahr 2019 an und bekamen einen Besichtigungstermin. Ein Mitarbeiter begleitete uns und wir konnten hineingehen und den Brunnen anschauen. Wir waren sehr dankbar, dass uns das ermöglicht wurde. Leider erfuhren wir dabei, dass der Umbau des Museums erst 2029 beendet sein würde.

Das ist sehr schade, da niemand sagen kann, ob und wie man 2027 und 2028 das Brunnenhaus besichtigen kann.

Warum sind 2027 und 2028 so wichtig? 2027 wäre mein Geburtstag wieder ein Freitag, wie bei meinem ersten
Besuch und ich werde 28 Jahre alt.

2028 ist wieder ein Schaltjahr, das genau die gleichen Tage
Hat wie 2000 und somit auch 28 Jahre alt ist.

Das Jahr ist also genauso alt wie ich.

 Diese Übereinstimmung würde ich gerne mit einem Besuch im Brunnenhaus feiern. Deshalb wäre es sehr schlimm für mich, wenn es nicht möglich wäre. Wahrscheinlich klingt das für den einen oder anderen sehr abenteuerlich, aber ich würde mich freuen, wenn es klappt. Deshalb habe ich auch große Hoffnung, dass wir das Brunnenhaus besuchen dürfen.

Wir kommen jetzt zur Auflösung des Krokodil-Rätsels. Auf dem Weg zum Tropenhaus im Zoo machten wir uns schon Gedanken, wo wir es wohl dieses Mal entdecken würden. Vielleicht war es ja wirklich nicht echt!! Aber heute wurden wir eines Besseren belehrt. Dieses Mal versteckte das Tier sich hinter einem Busch und wir rätselten wieder, ob es nicht doch aus Gummi war. Gerade als wir das Tropenhaus verlassen wollten, bewegte sich etwas im Gebüsch -------- Das Krokodil!!!!! Vielleicht wollte es uns einfach beweisen, dass es lebte! Meine Mutter und ich waren plötzlich sehr erstaunt und eine Sekunde später erschienen auch noch die Tierpfleger im Tropenhaus, die wir fragen konnten. Sie erklärten uns, dass es schon ein lebendes Tier sei, aber sich wirklich selten bewegte. Schauen wir, wo es das nächste Mal sitzt. Im Bereich des Krokodiles leben ja auch viele Schildkröten. Vielleicht hat es dann mal eine Schildkröte im Maul. Wer weiß?

In einem Kurort, den wir oft besuchten und heute noch besuchen, befindet sich ein Brunnen mit drei Figuren, die mich an eine Zeichentrickserie erinnerten. Eine männliche Brunnenfigur sitzt in einer Badewanne, eine andere steht daneben und hält eine Tasse in der Hand. Die dritte Figur ist weiblich, sitzt auf einem Hocker und ihr Blick fällt in ein Buch, welches sie zu lesen scheint. In diesem Jahr beschäftigte ich mich viel mit der besagten Zeichentrickserie. Wir hatten bereits eine DVD davon, die ich nun häufig anschaute. Am Schluss des Filmes, in dem es um drei Piraten geht, fahren diese mit ihrem Schlauchboot nach Hause. Ihr Schiff war untergegangen und der Piratenkapitän reagierte ziemlich verstört darauf. Ich habe mir dabei ausgedacht, dass sie die Figuren an diesem uns bekannten Springbrunnen sein könnten. Dort stehen sie nämlich auch zu dritt und erinnern mich an Szenen aus dem Film. Der Mann in der Badewanne stellt natürlich den Kapitän dar, der sich von seinem schockierenden Erlebnis erholen musste. Die weibliche Figur suchte in ihrem Buch nach einer Lösung des Problems. Der Mann mit der Tasse erinnerte mich an die Szene im Film, als sein Kaffee, den er aus Versehen über den Bordcomputer des Schiffes goss, diesen zerstörte. Diese Bilder vor meinem inneren Auge begleiteten mich jedes Mal, wenn wir diesen Brunnen besuchten. Als Einstimmung auf diesen Ausflugstag schauen wir zuvor den Film an. Hier verbinde ich meine Fantasie wieder mit der Wirklichkeit.

2020 (6. Schaltjahr)

Im sechsten Schaltjahr (Mittwoch der 1.Januar, Donnerstag Silvester) schrieb ich nochmal eine E-Mail an den zuständigen Verwalter für das Brunnenhaus der Burg, denn es ließ mir einfach keine Ruhe. Ich machte einige Vorschläge, wie man in Zukunft das Brunnenhaus besuchen könnte. Unter anderem natürlich, vielleicht einen **Zaun** darum zu bauen, damit keiner mehr auf das Gitter klettern konnte. Meine Vorschläge wurden dieses Mal in der Verwaltung vorgemerkt und jetzt warte ich darauf, was denn letztendlich entschieden wird. Das kann jedoch noch etwas dauern, da ja jetzt auch noch die Corona-Zeit dazwischen gekommen ist.

Ich hatte einen Lieblingsitaliener in einem Imbisshäuschen im Nachbarort. 2004 -2005 waren wir oft dort, da seine Pizza die leckerste war, die ich kannte. In den Jahren danach lernte ich jedoch, wie man zu Hause selbst Pizza machte. Ich ging erst wieder 2012 zum Imbiss, als wir zufällig daran vorbeifuhren und uns erinnerten, wie gut die Pizza schmeckte. Bald hatte ich einen festen Tag, an dem ich mir eine kaufen wollte.

Im September 2015 wurde das Imbisshäuschen leider geschlossen und die Pizzen gab es nur noch in einem Imbisswagen auf unserem jährlichen Volksfest, der Kirchweih, dem Weihnachtsmarkt und auf der Messe, die alle 2 Jahre in unserer Nachbarstadt stattfand. Auf dem Weihnachtsmarkt erfuhr ich, dass der Sohn des Imbissbetreibers im Frühjahr 2016 einen neuen Pizzabetrieb eröffnen würde.

Ich war entschlossen, ihn auszuprobieren. Waren seine Pizzen genauso lecker?

Sie schmeckten sehr ähnlich, aber nicht ganz so lecker. Da ich im Laufe des Jahres ab und zu Lust auf eine Pizza hatte, ging ich zum neuen Italiener.

Mein Lieblingsitaliener war ja nur noch an den besagten Veranstaltungen zu erreichen. 2019 fand ich ihn zuletzt auf dem Weihnachtsmarkt. Danach begann die Coronazeit und er verschwand ganz. Die Messe hatte zwar stattgefunden, aber der Pizzawagen war nicht mehr dort. Ich bin daher nach dem Messebesuch zum neuen Imbiss gefahren. Der Inhaber, mit dem ich mich gut anfreundete, erzählte mir, dass sein Vater nun endgültig schloss und in Rente gehen würde. Schade, ich werde die Pizzen sehr vermissen.

Ich schlug dem neuen Besitzer vor, dass er doch künftig bei uns auf dem Volksfest, auf der Kirchweih, auf dem Weihnachtsmarkt und alle 2 Jahre auf der Messe seine Pizzen verkaufen könnte. Ob er das macht? Lassen wir uns überraschen! Alternativ kann ich ja an diesen besonderen Tagen bei ihm und seinem Imbisswagen vorbeischauen, um mir eine leckere Pizza schmecken zu lassen.

mehrere Dinge gleichzeitig tun. Wie bereits erwähnt, meinen Schwächen begegnen und gleichzeitig vielleicht etwas Geld dabei verdienen.

2021 (6.Frühlingsjahr)

Im dritten Freitags- und sechsten Frühlingsjahr lag meine ganze Aufmerksamkeit darauf, wie es mit dem Besuch des Brunnenhauses auf der Burg weitergehen würde.. Was wohl während der Renovierungs- o. Restaurierungszeit vor sich gehen würde? Ich informierte mich im Internet über die weiteren Maßnahmen. Da in diesem Jahr mein Geburtstag wieder auf einen Freitag fiel, war mir der Besuch besonders wichtig. Aber Corona schien mir einen Strich durch die Rechnung zu machen, denn das Brunnenhaus war nicht mal durch Führungen zu besichtigen. Es fanden keine statt. Nach langen Überlegungen blieb mir nichts anderes übrig, als die Telefonnummer des „Chefs" der Burg herauszufinden und ein langes Telefonat mit ihm zu führen. Am Ende meiner ausführlichen Erklärungen hatte ich es tatsächlich geschafft, ihn davon zu überzeugen, mich das Brunnenhaus besuchen zu lassen. Das war wirklich außergewöhnlich freundlich und einfach spitze. Mein Jahr war gerettet.

2022 (6.Sommerjahr)

Das dritte Samstags- und sechste Sommerjahr ist gerade im vollen Gange und ich genieße den wundervollen Sommer mit Ausfllügen, die mir in diesem Jahr besonders wichtig sind.

Bestimmte Erinnerungen und Erlebnisse, die ich im Buch beschrieb, haben wir bereits besucht und wieder neu erlebt. Andere folgen noch, denn der Sommer ist noch nicht zu Ende.

Ich stellte dabei fest, dass sich viele Orte, die wir früher besuchten , veränderten. So fuhr bespielsweise ein Bähnchen eine ganz neue Strecke und es war interessant, sich die alte Fahrtroute wieder ins Gedächtnis zu rufen. Solche Veränderungen kann ich zwar gut akzeptieren, aber sie bestärken mich noch mehr darin, meine vergangenen Erlebnisse zu dokumentieren.

Meine kurzen Erzählungen gehen nun dem Ende entgegen. Sicher gab es noch viel mehr, was ich in all den Jahren erlebt habe und erfahren durfte. In diesem Buch schrieb ich die mir wichtigen davon auf. Ich hoffe, dass ich einen Einblick geben konnte, in meine Gedanken, Sichtweisen und Gefühle. Ich versuchte sie so gut wie möglich zu erklären. Sie sind nicht sehr lang und dadurch hoffentlich nicht langweilig. Sie sind so, wie meine Kommunikationsfähigkeit mir erlaubt, sie zu erzählen, kurz, knapp und auf den Punkt gebracht.

Ein Blick in die Zukunft

Was liegt wohl alles noch vor mir? Das kann ich nicht wissen, aber ich habe auf jeden Fall den Rückhalt durch meine Erinnerungen, die mich täglich begleiten.

Eine große Rolle spielt dabei, wie ich meinen Lebensunterhalt in Zukunft bestreiten könnte. Neben dem finanziellen Aspekt sind mir einige andere Dinge wichtig.

2023 (7.Herbstjahr)

Das dritte Sonntags- und siebte Herbstjahr ist nochmal ein besonderes Jahr für mich. Weihnachten und Silvester sind an einem Sonntag. So wie in dem Jahr, als meine „Computerzeit" begann. Das wird schön gefeiert! Wie, weiß ich noch nicht, aber ich lasse mir sicher etwas Originelles einfallen. Mir bleibt ja noch einige Zeit zum Überlegen. Der Beginn eines neuen Lebensabschnittes ist immer einen guten Gedanken wert.

2024 (7.Schaltjahr)

Das siebte Schaltjahr hört sich bereits sehr weit weg an. Wenn wir bis dahin noch nicht im Lotto gewonnen haben, soll meine Mutter sich überlegen, ob sie nicht an einer Rentenlotterie teilnehmen möchte. Da könnte sie für die nächsten 25 Jahre Geld gewinnen. Bis jetzt hält sie noch nicht sehr viel von dieser Idee. Vielleicht kann ich sie ja doch noch überzeugen?

2025 (7.Frühlingsjahr)

Im dritten Mittwochs- und siebten Frühlingsjahr werden wir noch einmal alle schönen Mittwochtage genießen.

Mit Ausflügen, Erinnerungsfesten und -erzählungen freue ich mich darauf dieses Jahr zu gestalten. Dazu gehört auch ein Besuch auf einer anderen Burg in unserer Nähe. 11 Jahre sind in diesem Jahr vergangen, seit wir dort waren. Was hat sich verändert? Was sieht noch genauso aus? Ich bin sehr gespannt, was mich dort erwartet.

2026 (7.Sommerjahr)

Das dritte Donnerstags- und siebte Sommerjahr ist gleichbedeutend dem Jahr 1998. Es ist das Jahr, bevor alles wieder von vorne beginnen kann. 2027 hat wieder genau die gleichen Tage wie mein Geburtsjahr 1999. Mein Geburtstag ist dazu noch an einem Freitag. Da sich nach diesen 28 Jahren alle Jahre, die ich bereits gelebt habe, wiederholen, ist dies einer „Wiedergeburt" ähnlich!! Alles beginnt von vorne. Eine günstige und eindeutige Gelegenheit, meinen Geburtstag zu zelebrieren.

In meinen 28 Lebensjahren kamen insgesamt 7 Schaltjahre vor. Wenn ich weiter in die Zukunft rechne, wiederholt sich das Schaltjahr 2000 noch in den Jahren 2028, 2056 und 2084. Zumindest diese Schaltjahre könnte ich noch erleben. Mein Leben sozusagen immer wieder von vorne beginnen. Ich freue mich darauf.

Was ich sonst noch wissenswert finde

Die Erlebnisse meiner wunderbaren Jahre enden hier, aber natürlich ließ und lässt mich die Erforschung der Tage, Monate und Jahre und ihre Beziehungen zueinander nicht los. Ich machte mir Gedanken darüber, was daran so besonders war und kam zu den folgenden Ergebnissen.

Welche Monate haben die gleichen Tage im Jahr?

Januar und Oktober haben die gleichen Tage. Im Schaltjahr sind Januar, April und Juli gleich.

Februar, März und November sind gleich. Im Schaltjahr haben nur Februar und August die gleichen Tage.

April hat die gleichen Tage wie Juli.

Den August gibt es nur einmal im Jahr. Im Schaltjahr hat jedoch der Februar (1.-28.) die gleichen Tage.

September (1.-30.) und Dezember haben ebenfalls die gleichen Tage.

Der Oktober ist, wie oben bereits erwähnt, immer mit dem Januar gleich. Im Schaltjahr jedoch gibt es ihn nur einmal im Jahr.

November, Februar und März sind gleich, nur im Schaltjahr haben November und März die gleichen Tage.

Dezember hat die Besonderheit, dass der Silvestertag (z.B. Donnerstag) im Folgejahr an keinem 31. eines anderen Monats vorhanden ist, erst wieder im übernächsten Jahr im März.

Mindestens einmal im Jahr gibt es Freitag, den 13.

Meine Jahreseinteilungen im Überblick

Frühling	Sommer	Herbst	Schaltjahre:
2001	2002	1999	2000
2005	2006	2003	2004
2009	2010	2007	2008
2013	2014	2011	2012
2017	2018	2015	2016
2021	2022	2019	2020
2025	2026	2023	2024

Die Monate Januar und Februar eines Schaltjahres wiederholen sich nach 5 Jahren. (Sie fallen somit in das sogenannte übernächste Frühlingsjahr). Dann nochmal 6 Jahre später (Herbstjahr).

Im Frühlingsjahr waren März bis Dezember immer 11 Jahre davor.

Der Januar und Februar in den Sommerjahren waren das letzte Mal ebenfalls vor 11 Jahren. Sie wiederholen sich wieder 6 Jahren danach (im übernächsten Schaltjahr). März bis Dezember hatten die gleichen Tage vor 6 Jahren (Schaltjahr). Diese Tage kommen wieder 11 Jahre später vor.

Die Herbstjahre hatten die gleichen Tage immer 6 Jahre davor.

Januar und Februar des Herbstjahres werden in 11 Jahren wiederholt. März bis Dezember in 5 Jahren. (Schaltjahr).

Eine Besonderheit gibt es beim 29. Februar. Zwischen einem 29. Februar-Tag und dem nächsten gleichen 29. Februar-Tag (2020 war er am Samstag) vergehen immer genau __28__ Jahre. Das ist einfach zu merken: Da es den 29. Februar nur alle 4 Jahre gibt und eine Woche 7 Tage hat: 4x7=28.

Schaltjahre:

1.Schaltjahr: 2000, 1.Januar Samstag, Silvester Sonntag

2.Schaltjahr: 2004, 1.Januar Donnerstag, Silvester Freitag

3.Schaltjahr: 2008, 1.Januar Dienstag, Silvester Mittwoch

4.Schaltjahr: 2012, 1.Januar Sonntag, Silvester Montag

5.Schaltjahr: 2016, 1.Januar Freitag, Silvester Samstag

6.Schaltjahr: 2020, 1.Januar Mittwoch, Silvester Do.

7.Schaltjahr: 2024, 1.Januar Montag, Silvester Dienstag

Gleiche Monatstage

Diese Tage sind immer am gleichen Tag:

1, 8, 15, 22, 29

2, 9, 16, 23, 30

3, 10, 17, 24, 31

4, 11, 18, 25

5, 12, 19, 26

6, 13, 20, 27

7, 14, 21, 28

Meine besonderen Tage als Übersicht:

Neujahr, Heilig Abend und Silvester sind in diesem Kalender immer am gleichen Tag und rot gekennzeichnet.

Heilig Abend (HA), Silvester (S) und Neujahr (Nj) sind ebenfalls in den entsprechenden Jahren angegeben.

Montag	2001	2007	2012 Heilig Abend und Silvester	2018	2024 Nur Neujahr
Dienstag	2002	2008 Nj	2013	2019	2024 HA+S
Mittwoch	2003	2008 HA+S	2014	2020 Nj	2025
Donnerstag	2004 Nj	2009	2015	2020 HA+S	2026
Freitag	1999	2004 HA+S	2010	2016 Nj	2021
Samstag	2000 Nj	2005	2011	2016 HA+S	2022
Sonntag	2000 HA+S	2006	2012 Nj	2017	2023

Tagesfolge nach 4 Jahren am Beispiel des 29. Februar:

2000	Dienstag
2004	Sonntag
2008	Freitag
2012	Mittwoch
2016	Montag
2020	Samstag

Nach dem Donnerstag (2024) fangen die Tage wieder bei Dienstag (2028) an. Diese Verschiebung in den Tagen gilt für alle Tage im Jahr aufgrund des Schaltjahres. Beispiel: 23. Juli :

2000	Sonntag
2004	Freitag
2008	Mittwoch
2012	Montag
2016	Samstag
2020	Donnerstag
2024	Dienstag

Rätselfrage: An welchem Tag ist der 23. Juli 2028? Na - erraten?

Sicherlich gibt es noch viele andere Verbindungen, Übereinstimmungen und mathematische Zusammenhänge bei diesem Thema. Das hier sind die, die ich im Laufe der Jahre in meinen Gedanken selbständig konstruieren konnte.

Mal ein kurzer Einwurf: Würde mir das alles einfach so einfallen, wenn ich wirklich schlecht in Mathematik wäre. Ich habe weder etwas nachgelesen, noch nachgeprüft. Ich weiß aber, dass es stimmt.

Jeder, der in der Schule in Mathe länger braucht, kommt auch irgendwann an das Ziel, das er braucht. Noch Fragen?

Warum das Leben lebenswert ist

Meine wunderbaren Jahre sind vergangen, wie im Fluge. Aber es liegen hoffentlich weitere, spannende, vor mir. Rückblickend lässt sich feststellen, dass ich Sammlungen und wiederkehrende Ereignisse zu bestimmten Zeiten als meinen Lebensinhalt sehe. Dazu bedarf es weder eine Therapie, noch der Wunsch, das zu ändern. Denn das bin ich und wie ich sein möchte.

Nicht der Mensch muss sich ändern, um in ein System zu passen, sondern ein System muss Bedingungen schaffen, in denen sich jeder Mensch auf seine Weise zurechtfinden und glücklich werden kann.

Ja, glücklich kann jeder werden. Glücklich sein ist erlernbar. Glücksgefühle können entstehen, wenn man schöne Musik hört, ein interessantes Buch liest oder an schöne Dinge des Lebens denkt. Diese Gefühle helfen mir, mich zu entspannen, fast einer Meditation gleich. Wenn man sich täglich diese Glücksmomente gönnt, speichert unser Gehirn diese Glücksgefühle ab. In Stresssituationen kann man auf diese Erinnerungen zurückgreifen und wird ausgeglichener und ruhiger.

Alles aufzuschreiben, was ich erlebt habe, hilft mir dabei, mich selbst besser zu verstehen und eben glücklich zu sein.

Alle Menschen sind unterschiedlich, kein Mensch ist besser oder schlechter als der andere. Dazu gehört anders denken, anders fühlen, unterschiedlich viel wissen und natürlich unterschiedliche Erwartungen und Wünsche zu haben. Aber das ist auch gut so. So bleibt die Welt vielfältig und bunt.

Meine Erinnerungen sind dabei meine Wegbegleiter in der Gegenwart und in der Zukunft. Stärken und Schwächen gehören genauso zur Einzigartigkeit eines Menschen wie die unterschiedliche Wahrnehmung von Dingen. Das macht uns so einzigartig. Jeder verhält sich nun mal anders und nichts daran ist falsch.

In meinem Fall liegt das alles im Inhalt meiner kurzen Erzählungen und dem Interesse an dem Wissen über Jahre, Monate und Tage.

Da ich aufgrund meiner Sichtweise alle Dinge im Detail betrachte, sind die Ausführungen oft nur kurz und knapp formuliert. Das große Ganze scheint für mich zusammenhanglos.

Es überfordert mich, in diesen Dimensionen zu denken und deshalb ist der Inhalt einfach und kompakt geschrieben. Was sich der eine oder andere dazu denken möchte, bleibt ihm überlassen.

Ich freue mich nur darüber, dass ich wieder etwas Wichtiges für mich zu Ende gebracht habe.

Dankesworte

Meine besonderen Jahre entstanden durch die Unterstützung besonderer Menschen. Dazu zählen natürlich meine geliebten Großeltern, bei denen ich mich immer gut aufgehoben fühle und die mich immer so gut unterstützen, wie es ihnen möglich ist. Ebenso gilt das für meine Mutter, die mir bei den Formulierungen und der Veröffentlichung dieses Buches tatkräftig zur Hand ging. Weiterhin bedanke ich mich bei allen Verwandten, Bekannten und anderen Personen, die es mir ermöglicht haben, diese Geschichten zu erleben und mich daran zu erfreuen, auch wenn sie das gar nicht wissen. Ich wachse jeden Tag daran und es macht mich stolz, dass ich etwas gefunden habe, was mir Freude bereitet. Meine Erinnerungen festhalten zu können ist das schönste Erlebnis für mich überhaupt. Daher bedanke ich mich noch einmal bei allen Beteiligten und hoffe, dass sie auch weiterhin meine Wegbegleiter sind und mich zu neuen Erinnerungen anregen können

Nachwort meiner Großmutter

Mein Enkel ist ein großes Geschenk Gottes, das man mit seiner Hilfe verstehen lernt. Er erhellt und leuchtet, er fordert und beansprucht.

Es gibt Orte der Entspannung, hier wird überlegt und gelacht, und andere Räume, da wird diskutiert, lange geredet und auch geschwiegen.

Ich wünsche Dir, lieber Enkel, alles Liebe und Gute und viel Erfolg.

Mögen neue Gedanken, gelingende Gespräche die kommenden Aufzeichnungen in Gang bringen.

Deine Oma